白ごはんに合う シンプルおかず

手間も調味料も最小限
なのにおいしい

吉田 愛

ONE PUBLISHING

目次

3章
ごはんのおともに食材別おかず

家にあるもので簡単に作れて、白ごはんがすすむおかずたち

仕事から帰ってきたら、着替えもそこそこにキッチンへ。もしくは、お子さんの様子を気にしながら急いで夕飯を作らなければならないなど、料理に時間と手間をかけるのが大変な方が多いだろうと思います。

それなら、肉じゃがもから揚げも大変だから作らない、のではなく、できるだけ手間を省いて気楽に作れるレシピはいかがですか？

この本のレシピには、なるべく手が汚れないようにしたり、短時間で火が通るようにしたり、合わせ調味料を使って1回で味が決まるようにしたりと、さまざまな工夫を取り入れました。ほとんどの料理がフライパンと常備している調味料で作れ、手間を省いてもおいしさをキープできます。

2章からは食材別にレシピを紹介しています。冷蔵庫の中身と相談しながら今夜のおかずを選べます。味つけにもこだわっているので、どれも白ごはんに合うものばかりです。ぜひ、炊きたての白ごはんと一緒に（もちろん、ビールや日本酒のおつまみにしてもＯＫ！）味わってみてください。

吉田 愛

フライパン調理で手間は最小限

焼く、炒めるはもちろん、本書のレシピは煮込む、揚げるといった調理のほとんどでフライパンを使用しています。揚げものなどは少ない揚げ油で済むから調理のハードルを下げたレシピになっています。ほかにも電子レンジやポリ袋を活用してめんどうな手間を省いたレシピが満載です。

最小限の調味料でおいしい味つけ

塩、砂糖、酒、しょうゆ、みりん、みそを基本的な調味料として使用します。最小限の調味料で、家庭で作る最大限のおいしさに！　また、和の調味料をベースとして調理することで、洋風や中華風の料理でも白ごはんに合うおかずに仕上げられます。

この本の見方

❶一番大切なコツ・工夫

各レシピをおいしく調理する上で重要なコツや工夫です。

❷状態がわかる大きな写真

調理途中の状態が一目瞭然です。

❸作り方は3ステップ以内

シンプルな調理工程なので基本は3ステップで作れます。

❹おいしさの秘訣

白ごはんに合う味つけのコツや時短・簡単の工夫などを紹介しています。

定番おかず
1
牛肉じゃが
油で炒めてから煮るのが、材料のコクを引き出す秘訣。煮汁がまだ残っているうちに火を止め、少しおくと、ジワ〜ッと味がしみて味わいが増します！
❶
[材料・2人分]
牛切り落とし肉 … 150g
じゃがいも(6等分ずつに切る) … 2個(300g)
玉ねぎ(縦1㎝幅に切る) … ½個(100g)
さやいんげん(長さを3等分に切る) … 5本
サラダ油 … 大さじ½
A 水 … 200㎖
しょうゆ、みりん … 各大さじ2
酒、砂糖 … 各大さじ1
❷
1 じゃがいもを電子レンジで加熱する
じゃがいもは耐熱ボウルに入れ、水にさっとさらして水けをきる。ラップをふんわりとかけ、電子レンジ(600W)で3分加熱し、ラップを半分ほどはずして粗熱をとる。
❸
2 具を炒める
フライパンにサラダ油を中火で熱し、玉ねぎを透き通るまで炒める。牛肉を加えて炒め合わせ、肉の色がほとんど変わったら、1を加えてさっと炒め合わせる。
3 約8分煮てでき上がり！
Aを加えて強火にし、煮立ったら落としぶたをして弱めの中火で4分煮る。上下を返してさやいんげんを加えて3〜4分煮る。じゃがいもに火が通ったら火を止め、そのまま3分ほどおき、味を含ませる。

8
❹
おいしさの秘訣
・じゃがいもを「電子レンジ下ゆで」しておけば、煮る時間が約8分に短縮！
・直径26㎝のフライパンを使うと具が重ならず、全体に均一に味が入ります。
・じゃがいもに火が通った後、落としぶたを取り味をみて、強めの中火で1〜2分煮詰めて濃いめに仕上げてもOK。
9

この本の使い方

・大さじ1＝15㎖、小さじ1＝5㎖です。

・ひとつまみは指3本、少々は指2本でつまむくらいの量です。

・フライパンはフッ素樹脂加工の直径26㎝のものを使用しています。レシピに小さめのフライパンとある場合は、直径20㎝のものをお使いください。

・鍋の大きさは、料理の分量に合わせてお選びください。

・電子レンジの加熱時間は600Wの場合です。500Wの場合は1.2倍の時間、700Wの場合は0.8倍の時間を目安にしてください。

・野菜類はレシピに記載がなくても、水洗いして皮やヘタなどを除いてから使用します。

・使用する調味料は、塩、砂糖、酒、しょうゆ、みりん、みそが基本です。そのほか、レシピに記載のある調味料をご用意ください。

1章

ごはんに合う 定番おかず 厳選8品

「炊きたての白ごはんに合う」ことを重視した、
人気の家庭料理8品の神レシピ。作り慣れたおかずでも、
この作り方どおりにトライすれば、「ひと味違うしょうが焼き」
「とってもジューシーなハンバーグ」を味わえます！

1

牛肉じゃが

油で炒めてから煮るのが、
材料のコクを引き出す秘訣。
煮汁がまだ残っているうちに火を止め、
少しおくと、ジワ〜ッと
味がしみて味わいが増します！

［材料・2人分］

- 牛切り落とし肉 … 150g
- じゃがいも（6等分ずつに切る）… 2個（300g）
- 玉ねぎ（縦1cm幅に切る）… $\frac{1}{2}$個（100g）
- さやいんげん（長さを3等分に切る）… 5本
- サラダ油 … 大さじ$\frac{1}{2}$
- **A**
  - 水 … 200mℓ
  - しょうゆ、みりん … 各大さじ2
  - 酒、砂糖 … 各大さじ1

1 じゃがいもを電子レンジで加熱する

じゃがいもは耐熱ボウルに入れ、水にさっとさらして水けをきる。ラップをふんわりとかけ、電子レンジ（600W）で3分加熱し、ラップを半分ほどはずして粗熱をとる。

2 具を炒める

フライパンにサラダ油を中火で熱し、玉ねぎを透き通るまで炒める。牛肉を加えて炒め合わせ、肉の色がほとんど変わったら、**1**を加えてさっと炒め合わせる。

3 約8分煮てでき上がり！

Aを加えて強火にし、煮立ったら落としぶたをして弱めの中火で4分煮る。上下を返してさやいんげんを加えて3〜4分煮る。じゃがいもに火が通ったら火を止め、そのまま3分ほどおき、味を含ませる。

おいしさの秘訣

- じゃがいもを「電子レンジ下ゆで」しておけば、煮る時間が約８分に短縮！
- 直径26㎝のフライパンを使うと具が重ならず、全体に均一に味が入ります。
- じゃがいもに火が通った後、落としぶたを取り味をみて、強めの中火で1～2分煮詰めて濃いめに仕上げてもOK。

2

鶏の竜田揚げ

下味をつけた鶏肉に片栗粉をまぶして揚げたものが「竜田揚げ」。カラリと香ばしく仕上がるよう、最後に強火で揚げるのがコツ！

［材料・2人分］
鶏もも肉 … 大1枚（300g）
A
- おろしにんにく … 小さじ1
- おろししょうが … 小さじ½
- しょうゆ … 大さじ1
- 酒 … 大さじ½
- 塩、こしょう … 各少々

片栗粉、揚げ油（サラダ油）… 各適量
レモン（くし形切り）… 適量

1 鶏肉に下味をつける

鶏肉は余分な脂と筋を切り取り、ひと口大に切り（8等分が目安）、厚手のポリ袋に入れる。**A**を加えてよくもみ、10分おく。

2 鶏肉に片栗粉をまぶす

バットに片栗粉を広げ、**1**にまんべんなくまぶす。

3 少なめの油で揚げ焼きにする

小さめのフライパンに揚げ油を深さ1cmまで入れ、180℃に熱し、**2**を入れる。両面を2分ずつ揚げ焼きにし、火を強めてカリッとさせて油をきる。器に盛り、レモンを添える。

おいしさの秘訣

- 下味におろしにんにくを加えると、よりごはんがすすむ味になります。
- 揚げ油に鶏肉を入れると温度が下がるので、油は高めの温度に熱しましょう。

食欲をそそる、
ちょっと甘めのしょうゆ味。
豚肉が食べやすくなり、
しょうがのピリ辛も引き立ちます。
玉ねぎを一緒に焼くと
甘みが増し、よりおいしく
いただけるのでぜひ！

定番おかず

3

豚のしょうが焼き

［材料・2人分］

豚こま切れ肉 … 200g

玉ねぎ（縦に薄切り）… ½個（100g）

片栗粉 … 小さじ½

A
- おろししょうが … 大さじ1
- しょうゆ … 大さじ1と½
- みりん、酒 … 各大さじ1
- 砂糖 … 大さじ½

サラダ油 … 小さじ2

キャベツ（せん切り）… 2枚分（100g）

マヨネーズ、七味唐辛子 … 各適量

1 豚肉に片栗粉をまぶし、調味料を合わせる

豚肉は片栗粉をさっとまぶす。**A**は混ぜ合わせる。

2 玉ねぎと豚肉を焼きつける

フライパンにサラダ油を中火で熱し、玉ねぎと豚肉を入れ、ときどき上下を返しながら焼きつける。

3 合わせ調味料を加えて仕上げる

全体に軽く焼き色がついたら炒め合わせ、肉の色がすべて変わったら**A**を加えてからめる。キャベツを敷いた器に盛り、マヨネーズを添えて七味唐辛子をふる。

おいしさの秘訣

- 肉にまぶす片栗粉は、だんごにならない程度に薄く。香ばしく焼け、たれもからみやすくなります。

おいしさの秘訣

・肉を揚げ油に入れたら、衣が固まるまでさわらないこと！　すぐにさわると衣がはがれやすいので気をつけましょう。

4 とんかつ

少ない油で揚げ焼きにし、
衣はサクサク、中はジューシーな
とんかつを手軽に！
揚げたら1～2分おいてから
切るのが、肉汁を逃がさないコツ。

［材料・2人分］
豚ロース肉とんかつ用 … 2枚
塩、こしょう … 各少々
小麦粉、溶き卵、パン粉 … 各適量
キャベツ（せん切り） … 2枚（100g）
青じそ（せん切り） … 3～4枚
揚げ油（サラダ油） … 適量
レモン（くし形切り）、練り辛子、
とんかつソース … 各適量

1 豚肉をたたいて衣をつける

豚肉は赤身と脂身の境目に切り目を入れ、ラップをかぶせてめん棒で肉を外側にのばすように両面をたたき、手で元の大きさに戻す。塩とこしょうをふり、小麦粉、溶き卵、パン粉の順に衣をつける。

2 少なめの油で揚げ焼きにする

フライパンに揚げ油を深さ1㎝まで入れ、180℃に熱し、**1**を並べ入れ、きつね色になるまで両面を2～3分ずつ揚げ焼きにする。

3 少し落ち着かせてから切る

2を取り出して1～2分おき、食べやすく切って器に盛る。青じそを混ぜたキャベツ、レモン、練り辛子を添え、とんかつソースをかける。

5

ハンバーグ

十分に火が通っているのに肉がフワフワ。
肉だねをよくもみ混ぜることや焼き時間に
気をつけてトライしてみましょう。
コクのあるソースでさらに味わい深く。

［材料・2人分］

合いびき肉 … 250g
玉ねぎ（みじん切り）… ¼個分
しめじ（ほぐす）… 1パック分（100g）
パン粉 … 大さじ4
牛乳 … 大さじ3
卵（割り入れる）… 1個
塩 … 小さじ¼
サラダ油 … 大さじ½

A
トマトケチャップ、中濃ソース、水 … 各大さじ2
しょうゆ … 小さじ½
バター … 10g

ベビーリーフ … 適量

1 ポリ袋で肉だねを作る

厚手のポリ袋にパン粉と牛乳を入れてふやかし、卵と塩を加えてもむ。玉ねぎと合いびき肉も加え、1分ほどよくもむ。2等分にし、平たい楕円形に整える。

2 両面を焼き、さらに蒸し焼きにする

フライパンにサラダ油を中火で熱し、**1**を入れて中央をくぼませ、焼き色がつくまで両面を約2分ずつ焼く。空いているところにしめじを入れ、ふたをして弱火で約5分蒸し焼きにする。

3 濃厚なソースを作る

2のハンバーグを器に盛る。フライパンに残った肉汁としめじに**A**を加え、強めの中火で軽くとろみがつくまで煮詰めてソースを作る。ハンバーグにかけ、ベビーリーフを添える。

おいしさの秘訣

- 肉だねはポリ袋で作ると手軽で、洗いものが軽減。
- しめじも一緒に蒸してうまみを凝縮させた肉汁に、しょうゆを少し加えるとごはんがすすむソースに。

おいしさの秘訣

- 豆腐はへらで割ると断面に味がなじみやすくなり、フルフルした食感も楽しめます。
- 長ねぎは仕上げに加えて香りと食感を生かしましょう。

定番おかず

6 麻婆豆腐

家にある調味料で作れ、
ピリッとした辛さが本格的。
豆腐をへらでざっくり割るから、
味がよくなじみます。
ぜひ、炊きたてごはんに
のせて食べてみて！

［材料・2人分］
絹ごし豆腐 … 1丁（300g）
豚ひき肉 … 100g
長ねぎ（青い部分少量含む。みじん切り）… ¼本

A
- ごま油 … 大さじ1
- にんにく、しょうが（各みじん切り）… 各1かけ
- 豆板醤 … 小さじ½

B
- 水 … 150mℓ
- みそ … 大さじ1
- しょうゆ … 大さじ½
- 砂糖 … 小さじ1

片栗粉 … 小さじ2

1 豚ひき肉を炒める

フライパンに**A**を入れて中火で炒め、香りが立ったら豚ひき肉を加えて3分ほど炒める。

2 豆腐を加えて軽く煮る

1に**B**を加えてみそを溶かし、煮立ったら豆腐を加えてへらで大きめに割り、2分ほど煮る。

3 とろみをつけて仕上げる

長ねぎを加えてさっと混ぜ、倍量の水で溶いた片栗粉を回し入れてとろみをつける。

7

棒餃子

肉だねを包まず、
クルッと巻いてとめるだけだから手軽。
しょうゆ+酢+ラー油をはじめ、
酢とこしょう、
大根おろしとポン酢しょうゆ
のたれも合います。

［材料・2人分］
豚ひき肉…200g
にら（5㎜幅に切る）…½束（50g）
長ねぎ（みじん切り）…5cm
餃子の皮…20枚
A 酒、片栗粉…各大さじ1
　オイスターソース、しょうゆ、
　　ごま油…各大さじ½
　おろししょうが…小さじ1
サラダ油…大さじ1
ごま油…小さじ1

1 肉だねを作る

厚手のポリ袋に豚ひき肉と**A**を入れ、1分ほどよくもんで全体を混ぜる。にら、長ねぎを加え、均一に混ざるまでさらにもむ。

2 餃子の皮で巻く

1の袋の片方の端を少し切り、肉だねを餃子の皮の中心に細長くしぼり出す。皮の片側に水（分量外）を軽くぬり、両側を折りたたんで閉じる。

3 カリッと焼く

フライパンにサラダ油を中火で熱し、**2**を閉じ目を上にして並べて焼く。底に焼き色がついたら、湯100mℓ（分量外）を回し入れてふたをし、3分ほど蒸し焼きにする。ふたを取って水分を飛ばし、ごま油を回し入れてカリッとするまで焼く。

おいしさの秘訣

・ひき肉の脂が溶けにくいように、冷蔵庫から出したての冷たいひき肉を使いましょう。
・肉に先に味つけすると野菜を混ぜても具が水っぽくなりません。

8

ぶりの照り焼き

照り焼きの甘辛味に合う
野菜を合わせて食べごたえアップ。
仕上げに粉山椒をふるのもおすすめです。

［材料・2人分］
ぶり（切り身）… 2切れ（200g）
れんこん（1cm幅の半月切り）… 100g
長ねぎ（4cm長さに切る）… ½本
塩 … 少々
小麦粉 … 適量
サラダ油 … 小さじ2
A｜酒、みりん、しょうゆ … 各大さじ1と½
　｜砂糖 … 小さじ2

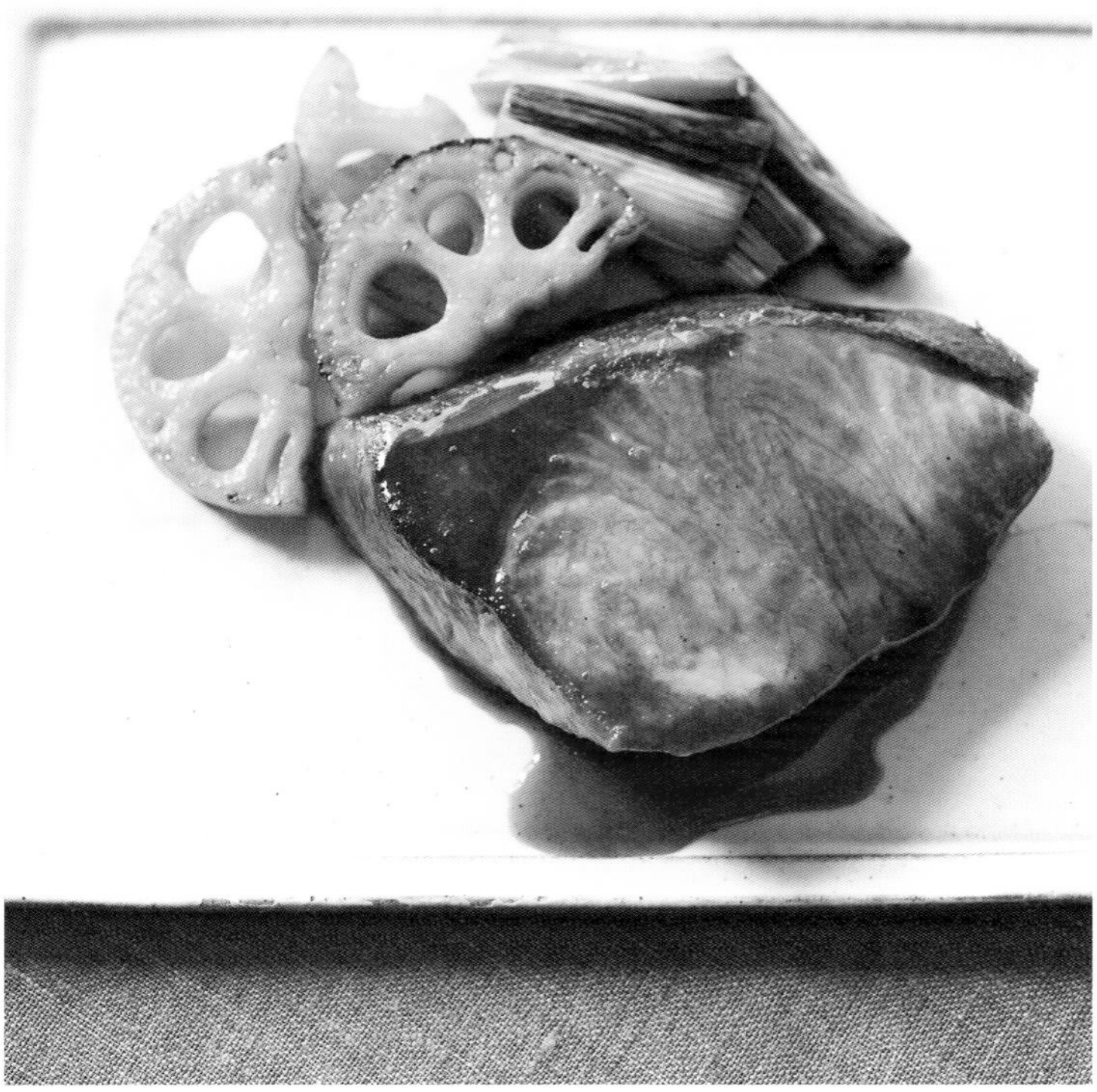

1 ぶりに塩をふって小麦粉をまぶす

ぶりは塩をふって10分おき、出てきた水けをふき取って全体に小麦粉を薄くまぶす。れんこんは水にさっとさらして水けをきる。

2 フライパンで焼く

フライパンにサラダ油を中火で熱し、**1**と長ねぎを並べ、焼き色がつくまで両面を2～3分ずつ焼く。**A**を加え、スプーンでかけながら照りが出るまで煮からめる。

おいしさの秘訣

- ぶりは両面にこんがりと焼き色をつけると、香ばしく仕上がります。
- れんこんとねぎはこがさないよう、様子を見ながら焼きましょう。

2章

ごはんがすすむ
絶品おかず

「今日の夕飯これ食べたい、これにして！」

そんな声が聞こえてきそうなメインおかず、25品を一挙に紹介。

肉のおかずも、魚や豆腐のおかずも、どれも繰り返し作りたくなる味。

このレシピが手元にあれば、毎日の献立に困りません。

鶏もも肉

やわらかさと弾力があり、噛むたびにうまみを楽しめるもも肉。かたくなりにくいので、焼きものにも煮ものにもおすすめ。

照り焼きだれにおろしにんにくを加え、スタミナ系の味に。コクと脂のうまみがある鶏もも肉と相性抜群です。

鶏の照り焼き

［材料・2人分］
鶏もも肉 … 小2枚(400g)
A おろしにんにく … 小さじ½
しょうゆ、酒、みりん … 各大さじ2
砂糖 … 大さじ1
サラダ油 … 小さじ1
レタス(ちぎる) … 適量
トマト(くし形切り) … 適量

1 鶏肉を切る
鶏肉は余分な脂と筋を切り取り、厚い部分を包丁で開いて厚みを均一にする(a)。**A**は混ぜ合わせる。

2 鶏肉をこんがり焼く
フライパンにサラダ油を中火で熱し、鶏肉を皮目を下にして入れ、時々、へらなどで押さえながら焼き色がつくまで6～7分焼く(b)。上下を返し、1分ほど焼く。

3 たれをからめ照りを出す
Aを加えて強めの中火にし、鶏肉の上下を返しながら照りが出るまでからめる。食べやすく切り、器に盛って残ったたれをかける。レタスとトマトを添える。

おいしさの秘訣

- 鶏もも肉はできるだけ厚みをそろえると火が均一に通ります。厚い部分に包丁を入れ、外側に肉を倒すようにします。
- 焼いている途中、脂が出てきたらそのつどふき取って。特に皮目をじっくり焼くと、仕上がりの香ばしさに差がつきます。

b

a

チキンとかぶのみそクリーム煮

鶏肉のうまみが出たスープと
牛乳やみそが相性抜群。
淡泊な野菜にもうまみがつき、
繰り返し作りたくなるおいしさ。

［材料・2人分］
鶏もも肉 … 1枚（250g）
かぶ（6等分のくし形切り、葉は4cm長さに切る）… 2個
玉ねぎ（縦に薄切り）… ¼個
塩 … 小さじ¼
バター … 20g
小麦粉 … 大さじ2と½
水、牛乳 … 各200mℓ
粉チーズ、みそ … 各大さじ1

1 鶏肉を切り、下味をつける
鶏肉は余分な脂と筋を切り取り、ひと口大に切り、塩をもみこむ。

2 バターで炒めて煮込む
鍋にバターを中火で溶かし、玉ねぎを炒める。しんなりしたら**1**を加えて炒め、肉の色が変わったら、かぶを加えてさっと炒め合わせる。弱火にして小麦粉をふり入れ、粉っぽさがなくなるまで混ぜ、分量の水を少しずつ加えてそのつど混ぜる。火を強め、煮立ったら弱火にしてふたをし、時々上下を返しながら約7分煮る。

3 牛乳を加えて煮る
かぶに火が通ったら、ふたを取り、牛乳とかぶの葉を加えて中火で3～4分煮る。とろみがついたら火を止め、粉チーズとみそを加える。

おいしさの秘訣
・みそは商品によって塩分が異なるので、一度に加えず、味をみながら加えます。

鶏のみそ漬け焼き

甘めのみそ味が、焼いた鶏肉の
香ばしさを引き立てます。
こげやすいので、
気をつけながら焼きましょう。

［材料・2人分］
鶏もも肉 … 小2枚（400g）
かぼちゃ（1cm幅に切る）… 100g
まいたけ（4等分にほぐす）
… ½パック（50g）

A | みそ … 大さじ2
　| 酒 … 大さじ1
　| 砂糖 … 大さじ½
サラダ油 … 大さじ½
塩 … 少々

1 鶏肉に下味をつける

鶏肉は余分な脂と筋を切り取り、皮目を下にしてまな板にのせ、浅い切り目を2cm間隔で入れる（a）。厚手のポリ袋に**A**を入れ、1分ほどよくもんで全体を混ぜる。鶏肉を加え、均一になるまでさらにもみ、5分おく。

2 鶏肉とかぼちゃを焼く

フライパンにサラダ油を弱めの中火で熱し、**1**を皮目を下にして入れ、かぼちゃも加えて焼き色がつくまで3〜4分焼く。

3 蒸し焼きにする

2の上下を返し、まいたけも加えてふたをし、弱火で約4分蒸し焼きにする。鶏肉を食べやすく切って器に盛り、塩をふったかぼちゃとまいたけを添える。

おいしさの秘訣

・鶏肉に浅い切り目を入れると、
短時間で下味がなじみやすくなります。

a

鶏むね肉

あっさりしてクセがなく、脂質も少なめのむね肉は、健康を気にする人に人気のお肉。ソテーのほか、揚げものにしてもおいしくいただけます。

かたくなりがちな鶏むね肉は皮なしのものを使い、肉をやわらかくする効果があるマヨネーズを衣づけに利用。4~6分揚げるだけで、カリッとフワッと仕上がります。

チキンカツ

［材料・2人分］

鶏むね肉（皮なし）… 1枚（250g）

A
- マヨネーズ … 大さじ2
- 小麦粉 … 大さじ1
- おろしにんにく … 小さじ¼
- 塩、こしょう … 各少々

パン粉、揚げ油（サラダ油）… 各適量

クレソン、レモン（くし形切り）、とんかつソース … 各適量

1　鶏肉を切って下味をつける

鶏肉は縦半分に切り、それぞれ大きめひと口大のそぎ切り（6~8等分が目安）にする（a）。厚手のポリ袋に**A**を入れ、1分ほどよくもんで全体を混ぜ、鶏肉を加えてよくからめる。肉を取り出してパン粉をまぶす。

2　両面を揚げ焼きにする

フライパンに揚げ油を深さ1cmまで入れ、180℃に熱し、**1**を並べ入れ、きつね色になるまで両面を2~3分ずつ揚げ焼きにする。

3　盛りつける

2を器に盛り、クレソンとレモンを添え、とんかつソースをかける。

おいしさの秘訣

・鶏むね肉は、肉の繊維を断つようにそぎ切りにすると、加熱してもかたくなりにくくなります。

a

和風チキンピカタ

卵をよくからめて、やさしい味に焼き上げるピカタ。
鶏肉にしょうゆで下味をつけ、溶き卵に青のりを加えれば、
香ばしくて、ごはんがすすむ和風ピカタが誕生！

［材料・2人分］
鶏むね肉（皮なし）… 1枚（250g）
卵（割り入れる）… 1個
しょうゆ … 大さじ1
小麦粉 … 大さじ3と½
A｜粉チーズ … 大さじ1
　｜青のり … 小さじ½
サラダ油 … 小さじ2

1　鶏肉に下味をつけて小麦粉をまぶす
鶏肉は縦半分に切り、それぞれひと口大のそぎ切り（10～12等分が目安）にする。厚手のポリ袋に鶏肉としょうゆを入れ、1分ほどよくもむ。小麦粉を加え、袋に空気を入れて口をしっかり閉じ、よくふって全体にまぶす（a）。

2　卵液を作る
ボウルに卵を溶きほぐし、**A**を加えて混ぜる。

3　鶏肉に卵液をつけて焼く
フライパンにサラダ油を弱めの中火で熱し、**1**を**2**にくぐらせて入れる。焼き色がつくまで両面を2～3分ずつ焼く。

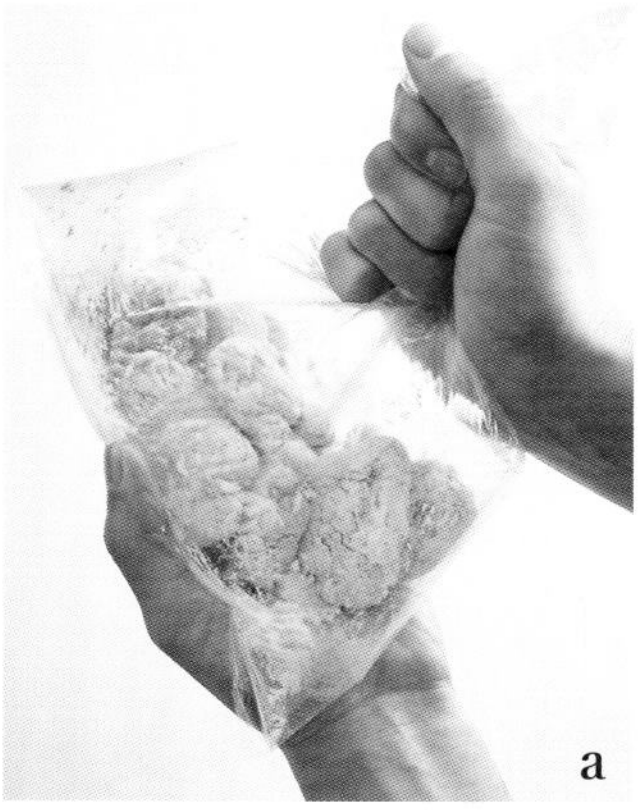
a

おいしさの秘訣

・ポリ袋に鶏肉と調味料を入れて下味をつけ、そこに小麦粉を加えて袋をふれば、手も容器も汚さずに下ごしらえ完了！

チキンソテー きのこバターしょうゆソース

鶏むね肉をおいしく焼くには、小麦粉でコーティングして蒸し焼きにし、焼きすぎないこと！きのこを炒めた甘辛いソースが相性抜群です。

［材料・2人分］
鶏むね肉 … 小2枚（400g）
塩、こしょう … 各少々
小麦粉 … 適量
しいたけ（薄切り）… 3枚（50g）
えのきたけ（3等分に切る）… $\frac{1}{2}$袋（50g）
A | 酒、しょうゆ、みりん、水 … 各大さじ1
　 | 片栗粉 … 小さじ$\frac{1}{4}$
オリーブオイル … 大さじ1
バター … 10g
水菜（4cm長さに切る）… 適量

1　鶏肉に下味をつけて小麦粉をまぶす
鶏肉は厚い部分を包丁で開いて厚みを均一にする。塩とこしょうをふり、小麦粉を薄くまぶす（a）。**A**は混ぜ合わせる。

2　鶏肉の両面を焼く
フライパンにオリーブオイルを中火で熱し、鶏肉を皮目を下にして入れ、こんがりと焼き色がつくまで4〜5分焼く。上下を返してふたをし、弱火にして4分ほど蒸し焼きにする（b）。肉を取り出し、食べやすく切って器に盛る。

3　きのこのソースを作る
フライパンをさっとふき、バターを入れて中火で溶かし、しいたけとえのきたけをしんなりするまで炒める。**A**を再び混ぜて加え、混ぜながらひと煮立ちさせ、**2**の鶏肉にかけて水菜を添える。

おいしさの秘訣
- 鶏むね肉に下味をつけたら小麦粉を薄くまぶします。粉が膜のようになって水分の蒸発を防ぎ、しっとり焼けます。
- ふたをして蒸し焼きにするのも、むね肉に早く火を通してパサつきを防ぐために効果的。

b

a

鶏手羽

羽のつけ根のほうが手羽元、先に近いほうが手羽先。骨からもうまみが出るといわれ、手羽元は煮込むとおいしく、手羽先は皮目をカリッと焼く調理がおすすめ。

手羽元大根

15分ほどの煮込みで手羽元にしっかり火が通りやわらかに。その秘密は、味に大きく影響しない程度に加える酢。これ、効果絶大です。

［材料・2人分］

鶏手羽元 … 6本

大根（1.5cm幅の半月切り） … 1/3本分（正味250g）

A
- しょうが（薄切り） … 1かけ分
- 水 … 150mℓ
- しょうゆ、みりん … 各大さじ2
- 酒、酢、砂糖 … 各大さじ1

1　手羽元に切り目を入れる

手羽元は骨に沿って切り目を1本入れる。

2　大根と手羽元を煮る

フライパンに**A**を入れてさっと混ぜ、大根を加えて強めの中火にかける。煮立ったら大根を真ん中に寄せ、周りに**1**を入れ（a）、再び煮立ったらふたをし、途中で一度上下を返して弱めの中火で10～12分煮る。

3　ふたを取って煮詰める

大根に火が通ったらふたを取って強めの中火にし、時々混ぜながら煮汁が少なくなり、全体に軽く照りが出るまで煮からめる。

おいしさの秘訣

・大根はしっかり火を通したほうがおいしいので、火の通りがいいフライパンの中心に入れましょう。

a

名古屋風手羽先

揚げ焼きにするのも、たれをからめるのも、フライパン1つでOK。たれに加える〝はちみつ〟が、病みつきになる味の決め手です。

［材料・2人分］
鶏手羽先 … 6本
塩 … 少々
片栗粉 … 適量

A
おろしにんにく … 小さじ¼
酒、みりん … 各大さじ1
しょうゆ … 小さじ2
はちみつ … 小さじ1

サラダ油 … 大さじ3

B
白いりごま … 大さじ½
粗びき黒こしょう … 適量

1 手羽先に切り目を入れ、片栗粉をまぶす

手羽先は皮目の反対の面に骨に沿って切り目を2本入れる(a)。塩をふり、片栗粉を薄くまぶす。**A**は混ぜ合わせる。

2 手羽先を揚げ焼きにする

フライパンにサラダ油を強めの中火で熱し、手羽先を皮目を下にして入れ、こんがりと焼き色がつくまで5分ほど揚げ焼きにする。上下を返し、3〜4分揚げ焼きにする。

3 甘辛味をつける

火を止め、フライパンの余分な油をふき取る。手羽先を端に寄せ、空いたところに**A**を加えて強めの中火で煮立たせ(b)、軽くとろみがついたら手羽先にさっとからめて**B**をふる。

おいしさの秘訣

- 切り目を入れるのは皮の反対側の面。火が通りやすくなって味もしみこみやすくなります。
- たれは手羽先に直接かけず、一度煮立ててとろみをつけて。その後、からめたほうがカリッとした食感も楽しめます。

b

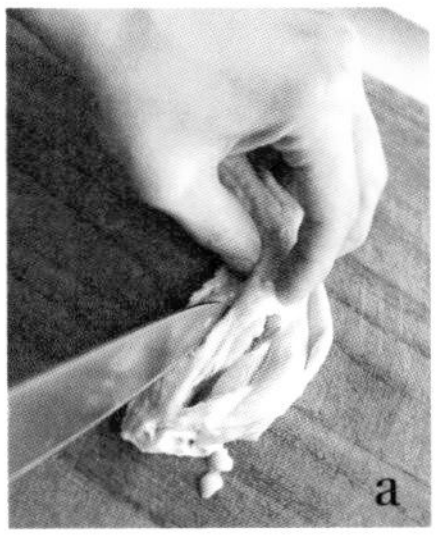
a

豚バラ・豚こま

赤身と脂身が層になったバラ肉は、加熱してもかたくなりにくく、うまみが豊富。いろいろな部位が交ざったこま切れ肉は、値段が手ごろで手軽に使えるのが魅力。

豚バラ肉のうまみを引き出すように炒めたら、ねぎ塩で味つけ。ごま油を使うので、あっさりした見た目よりうまみたっぷりに仕上がります。よく焼き色をつけて、食欲をそそる見た目に！

豚バラとれんこんのねぎ塩炒め

［材料・2人分］

豚バラ薄切り肉（4㎝幅に切る）… 180 g

れんこん（5㎜幅の半月切り）… 150g

A
- 長ねぎ（青い部分少量含む。みじん切り）… ½本（50g）
- おろしにんにく … 小さじ½
- ごま油 … 小さじ2
- 塩 … 小さじ½

サラダ油 … 小さじ1

粗びき黒こしょう … 適量

1 れんこんを水にさらす

れんこんは水にさっとさらして水けをきる。**A**は混ぜ合わせる。

2 豚肉とれんこんを炒める

フライパンにサラダ油を中火で熱し、豚肉を炒める。肉の色がほとんど変わったら、れんこんを加えて4分ほど炒め合わせる。

3 香味野菜と調味料を加えて炒める

2の余分な脂をふき取り（a）、**A**を加えてからめる。器に盛り、粗びき黒こしょうをふる。

おいしさの秘訣

・バラ肉は脂が多く出るので、ふき取ってから調味料を加えたほうが味がよくからみます。仕上げに味をみて、足りなければ塩少々を加えて調えましょう。

豚バラ肉のうまみが水菜にしみこみ、1つ、2つと箸がすすみます。

ピリッと辛い
ゆずこしょうをアクセントに。

水菜の肉巻きレンジ蒸し

［材料・2人分］
豚バラ薄切り肉（半分に切る）… 5枚
水菜（4cm長さに切る）… ½束（100g）
みょうが（縦半分に切って縦に薄切り）… 2個
塩 … 少々
酒 … 大さじ½
ポン酢しょうゆ、ゆずこしょう … 各適量

1 豚肉で水菜を巻く
豚肉は1切れずつ縦に広げて塩をふる。水菜とみょうがを10等分ずつにして豚肉の手前側にのせ、クルクルと巻く（a）。

2 電子レンジで加熱する
耐熱皿に**1**を並べ、酒を回しかける。ラップをふんわりかけて電子レンジ（600W）で4分加熱する。

3 ポン酢しょうゆをかけていただく
器に盛ってポン酢しょうゆをかけ、ゆずこしょうを添える。

a

おいしさの秘訣
・バラ肉の手前側に水菜とみょうがをのせたら、肉ごと持ち上げ、奥に向かってクルクルと巻きます。ゆるまないように気をつけて。

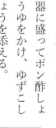

春雨入り豚キムチ

おなじみの豚キムチ炒めに
春雨をプラス。食べごたえが増すうえ、
うまみを吸った春雨が、
後を引くおいしさに！

［材料・2人分］
豚こま切れ肉 … 150g
白菜キムチ（カットされたもの）… 100g
乾燥春雨（長さ15cmくらい）… 40g
にら（4cm長さに切る）… 30g
A 水 … 200mℓ
　みりん、しょうゆ … 各大さじ½
ごま油 … 小さじ2

1　豚肉とキムチを炒める
フライパンにごま油を中火で熱し、豚肉を炒める。肉の色が変わったら、キムチを加えてさっと炒め合わせる。

2　春雨、にらを加えて煮る
1に**A**を加え、煮立ったら春雨を加えて5分ほど煮る（**a**）。煮汁がほとんどなくなったら、にらを加えてしんなりするまで混ぜる。

a

おいしさの秘訣
・春雨は乾燥のまま加えて大丈夫。
煮ながらもどせば、ほどよい歯ごたえに仕上がります。

豚スペアリブ

豚スペアリブは骨つきのバラ肉で、焼いたり煮込んだりして、かぶりつくように食べるのが楽しい！骨からもうまみが出るといわれています。

骨つき肉に甘辛いしょうゆ味をしみこませた、肉好きにはたまらない一品。煮汁に酢を加えると、うまみがつくうえ、さっぱり感も。

豚スペアリブとうずら卵の黒酢煮

［材料・２人分］

豚スペアリブ … ６本（450g）
長ねぎ（4cm長さに切る）… ½本
うずらの卵（水煮）… ８個
サラダ油 … 大さじ½
A
- にんにく（半分に切る）… １かけ
- 水 … 100mℓ
- 黒酢 … 大さじ３
- 酒、しょうゆ … 各大さじ２
- 砂糖 … 大さじ１と½

パクチー（3cm長さに切る）… 適量

1　スペアリブを下ゆでする

豚スペアリブはフォークで全体をまんべんなく刺し（a）、熱湯で１分ほどゆでる。冷水にとり、血や汚れを洗い落とし（b）、水けをふき取る。

2　スペアリブを焼いてから煮る

鍋にサラダ油を中火で熱し、**1**の両面を焼き色がつくまで焼く。**A**を加え、煮立ったらふたをし、弱めの中火で10分煮る。

3　煮汁が少なくなるまでさらに煮る

肉の上下を返して長ねぎ、うずらの卵を加え、さらに10分ほど煮る。ふたを取り、強めの中火にし、ときどき混ぜながら煮汁が鍋底に深さ１cmほど残るまで煮る。器に盛り、パクチーを添える。

おいしさの秘訣

- スペアリブは骨を避けてフォークでまんべんなく刺しておくと、やわらかくなって味のしみこみもよくなります。
- スペアリブは下ゆでし、冷水で洗うとアクや臭み、余分な脂が落ち、食べやすくなります。

b

a

豚ひき肉

シュウマイをはじめ、餃子や肉だんごなど、人気の肉料理を作るときの必需品。買うときは、色が鮮やかでドリップ（水分）が出ていないものを選びましょう。

レンジシュウマイ

肉だねはポリ袋を使って洗いものを少なく、
皮は包むのをやめて細切りにしてのせるだけに。
おまけに、加熱は電子レンジでOK。
これなら、かわいらしく仕上がって手間いらず！

［材料・2人分］
豚ひき肉 … 200g
玉ねぎ（みじん切り）… ¼個（50g）
シュウマイの皮（3～4㎜幅の細切り）… 12枚
キャベツ（ざく切り）… 2枚（100g）
A おろししょうが … 小さじ1
酒、片栗粉 … 各大さじ1
しょうゆ、ごま油 … 各大さじ½
しょうゆ、練り辛子 … 各適量

1 肉だねを作る
厚手のポリ袋に豚ひき肉と**A**を入れ、1分ほどよくもんで全体を混ぜる。玉ねぎを加え、均一に混ざるまでさらにもむ（a）。

2 肉だねを丸めて皮をのせる
1を12等分にして丸め、シュウマイの皮を等分にのせる（b）。

3 電子レンジで加熱する
耐熱皿にキャベツを敷いて**2**をのせ、ぬらしたペーパータオルをかぶせ、ラップをふんわりとかける。電子レンジ（600W）で5分加熱し、そのまま2～3分蒸らす。しょうゆと練り辛子を添える。

a

b

おいしさの秘訣

- 肉に味つけしてから玉ねぎを混ぜたほうが、水分が出にくくなります。
- キャベツを敷くと、シュウマイの肉汁がキャベツにしみこんでおいしくいただけます。

ひき肉と切り干し大根、ザーサイの卵焼き

切り干し大根の歯ごたえと
ザーサイの塩味がいい台湾風の卵焼き。
小さめのフライパンを使い、
ふわっと厚みが出るように焼き上げます。
ごま油を使うから香りとコクも十分。

［材料・2人分］
豚ひき肉 … 80g
切り干し大根 … 10g
ザーサイ（粗みじん切り）… 20g
卵（溶きほぐす）… 3個
小ねぎ（小口切り）… 2〜3本
ごま油 … 小さじ2
しょうゆ … 小さじ1

1　切り干し大根をもどす
切り干し大根はボウルに入れてさっと水洗いし、水を替えて5分ほど浸けてもどし、水けをしぼって食べやすい長さに切る。

2　具を炒め、卵を加えて焼く
小さめのフライパンにごま油を中火で熱し、豚ひき肉を炒める。肉の色が変わったら、**1**とザーサイを加えて炒め、しょうゆをからめる。次に、溶き卵と小ねぎ（仕上げ用に少し取り分けておく）を加えて数回大きく混ぜ（a）、焼き色がつくまで2〜3分焼く。

3　卵焼きの裏面も焼く
2に皿をかぶせ、ひっくり返して取り出す。再びフライパンに戻し（b）、反対側をさっと焼く。器に盛り、取り分けておいた小ねぎをのせ、好みでしょうゆ少量（分量外）をかける。

おいしさの秘訣

- フライパンに溶き卵を入れたら大きく混ぜて。具が均一に広がり、卵に火が通りやすくなります。
- 一度取り出した卵焼きは、皿から滑らせるようにフライパンに戻し、裏面も焼き上げます。

a

b

牛切り落とし肉

牛肉のなかでも切り落とし肉ならリーズナブルで、いろいろな部位が交ざっているから、うまみもあり！ 炒めものにすれば肉の形や大きさの違いが気になりません。少し甘めの味つけがおすすめ。

焼き肉のせおかずサラダ

フライパンの中で肉に味つけしてそのまま焼き、手間も洗いものも少なく。甘辛い味つけで、肉も野菜もたっぷりどうぞ！

［材料・2人分］

牛切り落とし肉 … 200g
レタス（食べやすくちぎる）… ¼個（70g）
きゅうり（縦半分に切って斜め薄切り）… ½本
長ねぎ（斜め薄切り）… ¼本
A
- おろしにんにく … 小さじ½
- しょうゆ … 大さじ1と½
- 酒、砂糖 … 各大さじ1
- ごま油 … 大さじ½

一味唐辛子、白いりごま … 各適量

1 野菜を水にさらす

レタスはボウルに入れて冷水にさらす。パリッとしたら、きゅうりと長ねぎを加えてさっと混ぜ、水けをきる。

2 牛肉に味つけして炒める

フライパンに牛肉と**A**を入れてよくもむ（a）。強めの中火で熱し、色が変わるまで炒める。

3 盛りつける

器に**1**を盛って**2**をのせ、一味唐辛子と白いりごまをふる。

a

おいしさの秘訣

・牛肉は甘辛いしょうゆ味と相性◎。ごま油やにんにくの風味も加え、全体にもみこんでから炒め始めましょう。

チャプチェ

牛肉と野菜がバランスよく入った
韓国料理の人気メニュー。
うまみをよく吸う春雨を必ず加え、
少し煮込むのがコツ。

［材料・2人分］

牛切り落とし肉 … 150g
玉ねぎ（縦に薄切り） … ¼個（50g）
にんじん（細切り） … ¼本（30g）
ピーマン（細切り） … 2個
乾燥春雨（長さ15cmくらい） … 40g
ごま油 … 大さじ½

A
おろしにんにく、
おろししょうが
… 各小さじ½
水 … 200mℓ
しょうゆ … 大さじ1と½
酒、砂糖 … 各大さじ1

1　牛肉と野菜を炒める

フライパンにごま油を中火で熱し、牛肉を炒める。肉の色が変わったら、玉ねぎとにんじんを加えてさっと炒め合わせる。

2　調味料を加え、春雨を煮る

1に**A**を加え、煮立ったら春雨を加え、時々混ぜながら春雨がやわらかくなるまで4～5分煮る。

3　ピーマンを加えて仕上げる

強めの中火にしてピーマンを加え、汁けがなくなるまで煮からめる。

おいしさの秘訣

・春雨は乾燥のまま加えて煮汁でもどしながら煮たほうが、牛肉のうまみや調味料を吸い込みやすくなります。

さけ

子どもにも人気のさけは、使いやすい切り身魚の代表。ただ焼くだけじゃなく少しアレンジを加えたり、たれ作りは電子レンジを利用したりして調理の幅を広げ、さらに使いやすく！

さけの油淋鶏風

中華の人気メニューを、鶏肉をさけに替えてアレンジ。薬味たっぷりのたれは混ぜるだけでおいしく、さけと相性◎。

［材料・２人分］
生ざけ（切り身）… ２切れ（200g）
レタス（1cm幅の細切り）… ２枚
塩、こしょう … 各少々
片栗粉 … 適量
A
- 長ねぎ（みじん切り）… $\frac{1}{3}$本
- ポン酢しょうゆ … 大さじ２
- ごま油 … 大さじ$\frac{1}{2}$
- おろししょうが、砂糖 … 各小さじ１

揚げ油（サラダ油）… 大さじ２

1　さけに下味をつけ、片栗粉をまぶす
さけは水けをふき取ってそれぞれ3等分に切る。塩とこしょうをふり、片栗粉を薄くまぶす。**A**は混ぜ合わせる。

2　さけを揚げ焼きにする
小さめのフライパンに揚げ油を中火で熱し、さけを入れ、きつね色になるまで両面を2〜3分ずつ揚げ焼きにして（a）油をきる。

3　器に盛ってたれをかける
器にレタスを敷いて**2**をのせ、**A**をかける。

おいしさの秘訣

・さけは油で揚げなくても、少し多めの油で揚げ焼きにすればOK。直径20cmの小さめのフライパンが調理するのにちょうどいい大きさです。

a

焼きざけのレンジ南蛮だれ

さけは焼くだけ、そして
南蛮だれ作りは電子レンジで簡単に!
甘酢しょうゆ味が、
さけも野菜も食べやすくしてくれます。

［材料・2人分］

生ざけ(切り身)… 2切れ(200g)
玉ねぎ(縦に薄切り)… ¼個(50g)
にんじん(細切り)… ¼本(30g)
塩 … 少々
サラダ油 … 小さじ1
片栗粉 … 小さじ½
A 赤唐辛子(小口切り)… 少々
水 … 大さじ1と½
しょうゆ、酢 … 各大さじ1
砂糖 … 大さじ½

1 さけに塩をふって焼く

さけは水けをふき取って塩をふる。フライパンにサラダ油を中火で熱し、さけを入れ、両面に焼き色がつくまで両面を2〜3分ずつ焼き、器に盛る。

2 電子レンジで南蛮だれを作る

耐熱ボウルに玉ねぎとにんじんを入れ、片栗粉を加えて混ぜる。**A**を加えてさっと混ぜ(a)、ラップをふんわりとかけ、電子レンジ(600W)で3分加熱する。全体をよく混ぜて**1**にかける。

おいしさの秘訣

・南蛮だれ作りは、レンジで失敗なく。
野菜に片栗粉をまぶし、調味料を加えてレンジにかけ、
流れるくらいの軽いとろみをつけます。

a

さけのムニエル

さけを使った洋食の定番。バターにしょうゆやレモン汁を加えたソースで、ワンランクアップの味に!

［材料・2人分］

生ざけ（切り身）… 2切れ（200g）
じゃがいも（ひと口大に切る）
　… 1個（150g）
塩、こしょう … 各少々
小麦粉 … 適量
サラダ油 … 大さじ½
バター … 15g
A 塩 … ひとつまみ
　こしょう … 少々
　乾燥パセリ … 小さじ½
B しょうゆ … 大さじ½
　レモン汁 … 小さじ1

1 電子レンジ粉ふきいもを作る

じゃがいもはふた付きの耐熱容器に入れて水にさっとさらし、水けをきる。ふたを少しずらしてのせ（a）、電子レンジ（600W）で3分加熱し、水けをきって**A**をふる。ふたを閉じ、耐熱容器をよくふって全体にまぶす。

2 さけを焼く

さけは水けをふき取って塩とこしょうをふり、小麦粉を薄くまぶす（b）。フライパンにサラダ油を中火で熱し、さけを入れ、焼き色がつくまで両面を2〜3分ずつ焼き、器に盛る。

3 ソースを作る

2のフライパンの汚れをさっとふき、バターを中火で溶かし、**B**を加えて混ぜる。**2**にかけ、**1**を添える。

おいしさの秘訣

・さけにまぶす小麦粉は薄めでOK。
　つけすぎたときは手で軽くはらってください。

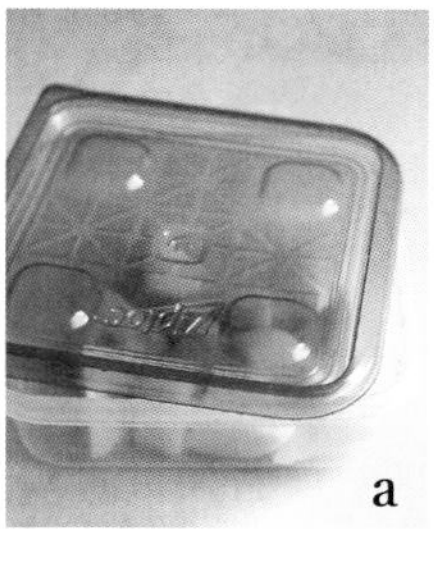
a

b

たら

淡泊で使いやすい冬が旬の白身魚。鍋もののイメージが強いですが、蒸しものや電子レンジ調理もおすすめで、手早く調理できます。

たらの中華風レンジ蒸し

電子レンジを使えば蒸し時間はわずか６分。蒸し時間が短いので、たらがふわっと、パサつかずに蒸し上がります。主役の味が淡泊だから、たれは酢とごま油でパンチをきかせて。

［材料・２人分］
生たら（切り身）… ２切れ（200g）
白菜（ざく切り）… 200g
しょうが（せん切り）… １かけ
酒 … 大さじ１
塩 … 少々
A しょうゆ … 大さじ１
酢、ごま油 … 各大さじ½
砂糖 … 小さじ１

1 たらに塩をふっておく
たらは塩をふって10分おき、出てきた水けをふき取る。**A**は混ぜ合わせる。

2 白菜とたらを電子レンジで加熱
耐熱皿に白菜を敷いて**1**のたらをのせ、しょうがを散らして酒を回しかける。ラップをふんわりとかけ（a）、電子レンジ（600W）で６分加熱する。

3 たれをかける
2のラップをはずして器に盛り、**A**をかける。

a

おいしさの秘訣

・白菜の水分でたらがふんわり仕上がる効果も。ラップはぴったりかぶせるとレンジ加熱後にはずしにくく、やけどをすることもあるのでふんわりと。

えび

加熱したときの鮮やかな赤色、プリプリした食感、甘みが楽しみな子どもにも喜ばれる食材。電子レンジでも手軽に調理できます。

中華の定番のえびチリを、中華鍋や強い火力なしで調理。しかも、合計4分の電子レンジ加熱でえびはプリプリ、ソースはトロトロ。豆板醤の量を加減すれば、好みの辛さにできます。

レンジえびチリ

［材料・2人分］

えび（無頭・殻つき）… 13〜15尾（250g）

A 酒、片栗粉 … 各大さじ½

B 長ねぎ（みじん切り）… 8cm
おろししょうが … 小さじ1
水 … 大さじ3
トマトケチャップ … 大さじ2
しょうゆ … 大さじ½
砂糖、豆板醤 … 各小さじ½

1 えびの下処理をする

えびは殻をむいて背ワタがあれば取る。耐熱ボウルに入れ、**A**をもみこむ。

2 ソースの材料を加えてレンジ加熱

1に**B**を加えて混ぜ(a)、ラップをふんわりとかけ、電子レンジ(600W)で3分加熱する。

3 再び1分加熱する

2を取り出して混ぜ、再びラップをかけてえびの色が変わるまで電子レンジで1分加熱する。ラップをはずしてよく混ぜる。

おいしさの秘訣

- えびの加熱とソースの加熱は電子レンジでいっぺんに。一度加熱したら取り出して混ぜ、再加熱して均一に火を通しましょう。
- えびのにおいが気になるときは、塩と片栗粉を少量ずつふってもみ、水洗いし、水けをふき取ってから使ってください。

a

豆腐

カロリーを抑えながら良質のたんぱく質をとれるヘルシー食材。
うまみも栄養も豊富な木綿豆腐は炒めると食感がよく、
絹ごし豆腐はレンジ蒸しにするとなめらかな口当たりを楽しめます。

豆腐の梅おかかチャンプルー

豚肉、ごま油、削り節のうまみと、にらの甘み。
さらに梅干しの酸味も加えるから、
淡泊な豆腐が大満足の味に！
豆腐を焼き色がつくように香ばしく焼くことが、また大切。

［材料・2人分］
木綿豆腐 … 1丁（300g）
豚バラ薄切り肉
（4cm長さに切る）… 100g
にら（4cm長さに切る）… ½束（50g）
ごま油 … 小さじ2
塩 … 少々
A 梅肉（塩分8%の梅干し）
… 10g（1個分）
しょうゆ … 大さじ1
酒 … 大さじ½
削り節 … 1袋（4g）

1 豆腐を水きりする
豆腐は厚手のペーパータオルに包んで5分おく。**A**は混ぜ合わせる。

2 豆腐と豚肉を炒める
フライパンにごま油を中火で熱し、豆腐を大きめのひと口大にちぎりながら入れて焼く。焼き色がついたら上下を返して端に寄せる。空いたところに豚肉を加えて炒め、肉の色が変わって豆腐に焼き色がついたら、豆腐に塩をふり、全体をさっと炒め合わせる。

3 調味してにらを加える
2に**A**を加えてからめ、にらを加えて炒める。にらがしんなりしたら、削り節を加えてさっと混ぜる。

おいしさの秘訣
・豆腐の水きりは、ペーパータオルで包んで5分ほどでOK。短時間の水切りで、表面はカリッと、中はジューシーに仕上がります。

a

材料を合わせて電子レンジで加熱し、
ポン酢しょうゆベースのたれをかけるだけ。
凝った作りに見えて実は調理はラクラク、ヘルシー度は◎。
使う機会が少ないひじきも、この調理法なら手軽に使えます。

豆腐、鶏ひき肉、ひじきのレンジ蒸し

［材料・2人分］
絹ごし豆腐 … ½丁（150g）
鶏ももひき肉 … 150g
乾燥芽ひじき（水でもどす）… 大さじ1

A
- 卵（割り入れる）… 1個
- 長ねぎ（みじん切り）… 10cm
- おろししょうが … 小さじ1
- 片栗粉 … 大さじ1
- 塩 … 少々

B
- ポン酢しょうゆ … 大さじ2
- 水 … 大さじ1
- 砂糖 … 大さじ½
- 片栗粉 … 小さじ½

みつば（2cm長さに切る）… 適量

1 肉だねを作る
厚手のポリ袋に豆腐、鶏ひき肉、水けをきった芽ひじき、**A**を入れ、1分ほどよくもんで全体を混ぜる。

2 電子レンジで加熱する
耐熱の器に**1**を入れてラップをふんわりとかけ（a）、電子レンジ（600W）で8分ほど加熱する。

3 たれを作る
小鍋に**B**を入れて混ぜながら中火にかける。ひと煮立ちしてとろみがついたら**2**にかけ、みつばをのせる。

おいしさの秘訣

・加熱前に肉だねの表面を軽くならします。ラップはぴったりかけると加熱後にはずしにくく、熱い蒸気が危険なのでフワッとかけましょう。

a

厚揚げ

うまみや食感のよさを楽しめる厚揚げ。ざっくり炒めたり、煮込んだりしても形がくずれにくく、コクが出るのもメリット。

厚揚げの肉詰め煮

厚揚げの中に、しょうが風味の肉だねをギュッと詰めてお子さんも楽しめる甘辛のしょうゆ味に仕上げます。

［材料・2人分］

厚揚げ（絹）… 2枚（300g）

小松菜（4cm長さに切る）… $\frac{1}{2}$束（100g）

A
- 鶏ももひき肉 … 120g
- おろししょうが、酒 … 各小さじ1
- 塩 … 少々

片栗粉 … 適量

サラダ油 … 大さじ$\frac{1}{2}$

B
- 水 … 150mℓ
- しょうゆ … 大さじ1と$\frac{1}{2}$
- みりん … 大さじ1
- 砂糖 … 小さじ2

1 厚揚げをポケット状にする

厚揚げは斜め半分に切り、切り口に包丁で切り目を入れてポケット状にする。

2 肉だねを詰める

厚手のポリ袋に**A**を入れ、よくもんで全体を混ぜる。厚揚げに$\frac{1}{4}$量ずつ詰め（a）、切り口に片栗粉を薄くまぶす。

3 フライパンで焼いて味つけ

フライパンにサラダ油を中火で熱し、**2**の切り口を下にして入れる。焼き色がつくまで焼いたら寝かせ、**B**を加え、煮立ったらふたをして弱めの中火で4分煮る。上下を返して2分煮たら、小松菜を加えてさらに2分煮る。

おいしさの秘訣

・厚揚げの切り口に包丁で切り目を入れてポケット状にし、肉だねを詰めます。片栗粉でふたをするので飛び出る心配なし。

厚揚げと もやしのみそ炒め

リーズナブルな食材を香ばしく炒め、
にんにく風味のみそで味つけ。
厚揚げは手でちぎるから、
包丁を使わないのもうれしい！

［材料・2人分］
厚揚げ（絹）… 2枚（300g）
もやし … ½袋（100g）
サラダ油 … 大さじ½

A
おろしにんにく … 小さじ½
酒、みそ … 各大さじ1
しょうゆ、砂糖 … 各小さじ1

七味唐辛子 … 適量

1 厚揚げを焼く
Aは混ぜ合わせる。フライパンにサラダ油を中火で熱し、厚揚げをひと口大にちぎりながら入れ、全体に焼き色がつくまで焼く。

2 もやしを炒め合わせる
1のフライパンを強めの中火にし、もやしを加えて1分ほど炒めたら端に寄せる。**A**を加えてひと煮立ちさせ、厚揚げともやしにさっとからめる。

3 七味唐辛子をふる
2を器に盛り、七味唐辛子をふる。

おいしさの秘訣
・厚揚げは焼き色がつくまで焼いて表面をカリッとさせたほうが、香ばしさを楽しめます。

column

白ごはんには、やっぱりこれを合わせたい！

あったか おかずみそ汁

おかず代わりになる
具だくさんのみそ汁。
うまみがよく出る肉、缶詰、
野菜を利用して、
「だし」を使わずに
おいしく仕上げます。

鶏となすのみそ汁

しょうがのさわやかな香りと辛みで風味アップ

［材料・2人分］

- 鶏もも肉（小さめのひと口大に切る）…½枚（約120g）
- なす…2本
- サラダ油…小さじ1
- A
  - しょうが（せん切り）…½かけ
  - 水…400mℓ
  - 酒…大さじ1
- みそ…大さじ1と½〜2

1 なすはヘタを切り落とし、ピーラーで縦に3か所、縞目になるように皮をむき、ひと口大の乱切りにして水に5分さらす。

2 鍋にサラダ油を中火で熱し、鶏肉を炒める。色が変わったら**A**を加え、煮立ったらアクを取り、ふたをして弱火で5分煮る。

3 なすの水けをきって**2**に加え、再びふたをして7〜8分煮る。なすに火が通ったら、みそを溶き入れる。

おいしさの秘訣

・酒を少し加えると、
肉の臭みが気にならなくなり、うまみがでます。

豚とキャベツのみそ汁

肉の臭み消しになるにんにくをうまみのもとに

［材料・2人分］

豚こま切れ肉 … 100g
キャベツ（3〜4cm角に切る）… 100g
サラダ油 … 小さじ1
A にんにく（薄切り）… ½〜1かけ
　水 … 400mℓ
　酒 … 大さじ1
みそ … 大さじ1と½〜2
粗びき黒こしょう … 適量

1 鍋にサラダ油を中火で熱し、豚肉を炒める。色が変わったら**A**を加え、煮立ったらアクを取り、ふたをして弱火で5分煮る。

2 **1**のふたを取り、キャベツを加えて中火で1〜2分煮て、みそを溶き入れる。器に盛り、粗びき黒こしょうをふる。

おいしさの秘訣

・にんにくの香りと黒こしょうのスパイシーさがポイント。いつもと違う味を楽しめます。

ひき肉とチンゲン菜と卵のみそ汁

仕上げにラー油を少々。辛さと卵の甘みが合います

［材料・2人分］

豚ひき肉 … 100g
チンゲン菜（3cm長さに切り、根元は縦に8つ割り）… 1株
卵（溶きほぐす）… 1個
サラダ油 … 小さじ1
A 水 … 400mℓ
　酒 … 大さじ1
みそ … 大さじ1と½〜2
ラー油 … 適量

1 鍋にサラダ油を中火で熱し、豚ひき肉を炒める。色が変わったら**A**を加え、煮立ったらアクを取り、ふたをして弱火で5分煮る。

2 **1**のふたを取り、チンゲン菜の根元を加えて中火で2分ほど煮て、葉を加えてさっと煮たら、みそを溶き入れる。

3 **2**に卵を回し入れ、卵がふんわり固まったら火を止める。器に盛ってラー油をかける。

おいしさの秘訣

・具を油で炒めてから煮るので、コクが加わり、食べごたえが増します。

ツナとトマトのみそ汁

具のうまみが詰まって
食欲がないときにもおすすめ

［材料・2人分］
ツナ水煮缶（軽く缶汁をきる）… 1缶（70g）
トマト（2cmの角切り）… 1個
玉ねぎ（縦に薄切り）… 1/4個
青じそ（細かくちぎる）… 2枚
水 … 400mℓ
みそ … 大さじ1と1/2〜2

1 鍋にツナと分量の水を入れて中火にかけ、煮立ったら玉ねぎを加え、ふたをして弱火で3分煮る。

2 ふたを取り、トマトを加えてさっと煮て、みそを溶き入れる。器に盛り、青じそをのせる。

おいしさの秘訣

・トマトは温まる程度にさっと煮て食感を残します。

みそ汁のだし、みんなどうしてますか？

「きちんとだしをとる」「市販のだしの素を使う」など、みそ汁作りは家庭ごとにきっとさまざま。でも、まったくだしを使わなくても大丈夫。肉や魚介、缶詰、練り製品などのたんぱく質源をプラスすれば、それがだし代わりになるからベースは水でOK。いつもより少ししっかりめに味つけすると、食べごたえが出て、おかずの一品に。コクのある満足味のみそ汁を作れます。

3章
ごはんのおともに
食材別おかず

「旬の野菜をおいしく食べたい」「野菜不足を解消したい」ときはこちら！
野菜をたっぷり使ったレシピを種類別にご紹介します。
この章の一品を食卓に加えて、
家族の栄養と食事のボリュームを充実させましょう。

アスパラガス

春先から初夏にかけてがおいしい時期。緑色が濃く、まっすぐで、穂先は締まり、切り口が変色していないものが新鮮といわれています。

アスパラとえびの塩にんにく炒め

フライパンで蒸し焼きにして食材のうまみを凝縮。
アスパラの甘みが引き立つ味つけです。

［材料・2人分］

えび（無頭・殻つき）… 13〜15尾（250g）
グリーンアスパラガス
（1cm幅の斜め切り）… 3〜4本（100g）
長ねぎ（1cm幅の斜め切り）… ½本
A 酒 … 大さじ½
　塩 … 少々
にんにく（みじん切り）… 1かけ
サラダ油 … 小さじ2
酒 … 大さじ1
塩 … 小さじ⅓
こしょう … 少々

1　えびに下味をつける
えびは殻をむいて背ワタがあれば取り、**A**をもみこむ。

2　えびと野菜を蒸し焼きに
フライパンにサラダ油とにんにくを入れて中火で熱し、香りが立ったら**1**、アスパラガス、長ねぎを加えて炒める。油がまわったら酒を回しかけ、ふたをしてときどき混ぜながら3分ほど蒸し焼きにする。

3　調味する
ふたを取り、塩とこしょうで味を調える。

おいしさの秘訣

・アスパラガスは根元を1cmほど切り落として、ピーラーで下⅓の表面を薄くむく（a）と食べやすくなります。

a

かぶ

淡泊なかぶは、合わせるものや調味料のうまみを吸っておいしくなるのが特徴。葉は栄養満点で、葉先までピンとしているものを選ぶと新鮮です。

かぶのほたてあんかけ

あっさりしたかぶと、缶汁までおいしいほたて缶の組み合わせ。
煮汁に缶汁を混ぜ、とろみをつけて、かぶにからめて味わって。

［材料・2人分］

かぶ … 小4個
ほたて水煮缶（貝柱ほぐし身）… 1缶（65g）
A
- しょうが（せん切り）… 1かけ
- みりん … 大さじ1
- しょうゆ … 小さじ½
- 塩 … 小さじ¼

片栗粉 … 小さじ2

1　かぶを切る
かぶは葉を切りはなし、1個をそれぞれ4等分のくし形に切る。葉は適量を1cm幅に切る。

2　ほたての缶汁で煮る
ほたて水煮缶は身と缶汁に分け、缶汁に水を足して200mlにして鍋に入れる。かぶ、ほたての身、**A**を加えて中火にかけ、煮立ったら、ふたをして弱火で5分ほど煮る。

3　煮汁にとろみをつける
かぶに火が通ったら、かぶの葉を加えてさっと煮る。倍量の水で溶いた片栗粉を回し入れ、とろみをつける。

おいしさの秘訣

- ほたての缶詰は、使いやすくて値段も手ごろなほぐし身で十分。うまみを含んだ缶汁も使って、上品なおいしさに仕上げましょう。

キャベツ

ビタミンCや胃の調子を整える栄養素が含まれるヘルシー野菜。春キャベツはやわらかく、秋から冬のキャベツは加熱すると甘みが強まります。

回鍋肉《ホイコーロー》

キャベツと豚バラ肉のうまみを楽しめる中華の人気メニュー。本格的な調味料を使わなくても、家にあるもので満足味に！

［材料・2人分］
キャベツ（3〜4㎝角に切る）
　… 4枚（200g）
豚バラ薄切り肉
　（4㎝長さに切る）… 150g
ピーマン（ひと口大に切る）… 2個
A｜酒、みそ … 各大さじ1
　｜砂糖 … 大さじ½
　｜しょうゆ、豆板醤
　｜　… 各小さじ½
サラダ油 … 小さじ1

1　調味料を合わせる

Aは混ぜ合わせる。

2　豚肉、野菜の順に炒める

フライパンにサラダ油を中火で熱し、豚肉を炒める。色が変わって軽く焼き色がついたら、キャベツとピーマンを加えて強めの中火で炒め合わせる。

3　合わせ調味料で味つけ

野菜がしんなりしてきたら、**1**を加えてからめる。

おいしさの秘訣

・特別な材料を使わずに作れる、ごはんによく合う

甘辛みそ味の炒めもの。味つけする際、好みでおろしにんにく少々を加えても。

ミートボールとキャベツのトマト煮

ひき肉のうまみ、キャベツの甘み、
トマトの酸味のバランスがよく、ロールキャベツ風の味。
煮汁にしょうゆを加えてごはんに合う味に。

［材料・2人分］

キャベツ（3〜4cm角に切る）
…3枚（150g）
合いびき肉…200g
A
玉ねぎ（みじん切り）…¼個
パン粉、牛乳…各大さじ2
塩…小さじ¼
こしょう…少々
オリーブオイル…大さじ1
トマト水煮缶…1缶（400g）
B
トマトケチャップ…大さじ2
しょうゆ…大さじ1と½

1 肉だねを作る

厚手のポリ袋に合いびき肉とAを入れ、1分ほどよくもんで全体を混ぜる。

2 肉だねを丸めて焼く

フライパンにオリーブオイルをひき、1をひと口大に丸めて入れる。中火にかけ、時々転がしながら全体に焼き色がつくまで焼く。

3 トマト水煮を加えて煮る

トマト水煮を手でつぶしながら2に加え、缶汁も入れ、Bを加えてさっと混ぜる。キャベツを加え、煮立ったらふたをし、途中で一度上下を返して弱めの中火で10分ほど煮る。

おいしさの秘訣

・材料をポリ袋に入れて混ぜ、肉だね作りの手間を軽減。
口当たりのよい肉だんごになるように、1分ほどよくもみましょう。

ごぼう

食物繊維が豊富な根菜の代表。おなじみのきんぴらをはじめ、お肉を合わせて甘辛味の煮ものにしたり、せん切りにしてゆで、サラダなどにも。

ごぼうのきんぴら

ごぼうといえば、甘辛く炒めるこの料理。仕上げに加える白ごまと七味唐辛子がアクセントになり、ごはんもすすみます。

［材料・2人分］

- ごぼう … 1本（150g）
- にんじん … $\frac{1}{3}$本（40g）
- A しょうゆ、みりん、砂糖 … 各大さじ1
- ごま油 … 小さじ2
- 白いりごま … 小さじ1
- 七味唐辛子 … 適量

1　ごぼうを切って水にさらす

ごぼうはよく洗い、2～3㎜幅の斜め薄切りにしてからせん切りにし(a)、水にさっとさらして水けをきる。にんじんもごぼうの大きさに合わせてせん切りにする。**A**は混ぜ合わせる。

2　ごぼうとにんじんを炒めて味つけ

フライパンにごま油を中火で熱し、ごぼうとにんじんをしんなりするまで3分ほど炒める。**A**を加えてからめ、白いりごまと七味唐辛子を加えてさっと混ぜる。

a

おいしさの秘訣

・ごぼうは斜め薄切りにしてからせん切りにすると、繊維が断ち切られて食べやすくなります。また、斜め薄切りは薄いほうが、せん切りも細くなって見栄えがよくなります。

小松菜

冬が旬の緑黄色野菜。ビタミン、ミネラル、食物繊維が豊富で、クセがなくて食べやすいのもいいところ。さっと煮などにもおすすめ。

青菜のさっと炒め

にんにくやごま油のうまみをきかせたシャキシャキ炒め。炒めすぎると水分が出て食感が悪くなるので、手早く炒めましょう。

1 にんにく、小松菜の茎の順に炒める

フライパンにごま油とにんにくを入れて中火にかける。香りが立ったら、小松菜の茎と赤唐辛子を加えて強めの中火で30秒ほど炒める。

2 葉を炒め合わせて味つけ

1に小松菜の葉を加えて30秒ほど炒め(a)、塩とこしょうで味を調える。

［材料・2人分］
小松菜（4cm長さに切り、茎と葉に分ける）… 1束（200g）
にんにく（みじん切り）… 1かけ
赤唐辛子（小口切り）… ½本
ごま油 … 小さじ2
塩 … 小さじ¼
こしょう … 少々

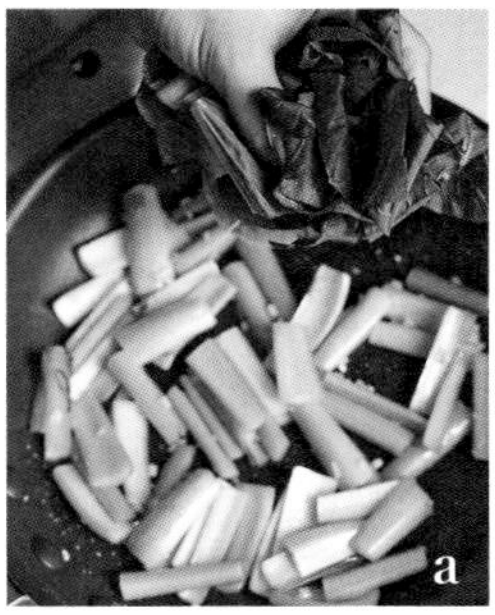

おいしさの秘訣

・青菜は茎と葉を時間差で炒めるのが基本。
かたい茎を先に炒め、しんなりしてきたところに葉を加えて
さっと炒めると、食感よく仕上げられます。

春菊

栄養豊富で、さわやかな香りが特徴。
かき揚げをはじめ、ごまあえや白あえにも向きます。
生の葉をサラダにしても◎。

春菊とさつまいものかき揚げ

春菊はサクサク、
さつまいもはホクホク！
少ない油で揚げ焼きにすれば、
カラッと揚がって
彩りもよい組み合わせです。

1 天つゆを作る

小鍋に**A**を入れて中火にかけ、ひと煮立ちさせ、目の細かいざるでこす（好みで砂糖を少量加えてもよい）。

2 衣でまとめる

ボウルに春菊、水けをよくきったさつまいも、小麦粉を入れて混ぜ合わせる（b）。冷水を加え、粉っぽさが残る程度にざっと混ぜる。

3 少ない油で揚げ焼きにする

フライパンに揚げ油を深さ1cmまで入れて180℃に熱し、**2**をサーバースプーンなどで食べやすい大きさにすくって入れる。3分ほど揚げ焼きにし、下側がカリッとしたら上下を返す。厚みのあるところに菜箸で数か所穴をあけ（c）、再びカリッとするまで2～3分揚げて油をきる。器に盛り、**1**を添える。

［材料・2人分］

- 春菊（4cm長さに切る）… ¼束（50g）
- さつまいも（皮ごと細切りにし、水にさっとさらす）… 小½本（80g）
- 小麦粉 … 大さじ4
- 冷水 … 大さじ3
- **A**
  - 水 … 100mℓ
  - しょうゆ、みりん … 各大さじ1と½
  - 削り節 … ½袋（2g）
- 揚げ油（サラダ油）… 適量

おいしさの秘訣

- さつまいものアクは、揚げると抜けるため、水にはさっとさらす（a）だけでOK。
- 衣は、材料に小麦粉を薄くまぶし、冷水を加えてざっと混ぜるだけ。混ぜすぎるとカラッと揚がりません。
- かき揚げの厚みのあるところに菜箸で数か所穴を開けると、油が通りやすくなり、カラッと揚がります。

a

b

c

じゃがいも

ポテサラ、肉じゃが、カレーなど、人気メニューに欠かせない食材。主成分のデンプンのほか、加熱しても壊れにくいビタミンCなどが含まれています。

じゃがいものそぼろ煮

甘辛いひき肉そぼろは、ほんのりしょうが風味。とろみをつけて、じゃがいもによくからむように仕上げましょう。

［材料・2人分］

じゃがいも（ひと口大に切り、水にさらす）… 2個（300g）
豚ひき肉 … 100g
サラダ油 … 小さじ1
しょうが（みじん切り）… 1かけ
A　水 … 150mℓ
　しょうゆ、酒、砂糖 … 各大さじ1と½
片栗粉 … 小さじ1

1　豚ひき肉を炒める
鍋にサラダ油としょうがを入れて中火で熱し、香りが立ったら豚ひき肉を加え、炒める。

2　じゃがいもを炒め合わせる
肉の色が変わったら、水けをよくきったじゃがいもを加え、さっと炒め合わせる。

3　やわらかく煮て、とろみづけ
2に**A**を加え、煮立ったら落としぶたをして、途中で一度上下を返し、弱めの中火で8分ほど煮る。じゃがいもに火が通ったら、倍量の水で溶いた片栗粉を回し入れ、とろみをつける。

おいしさの秘訣

・じゃがいもにはアクがあり、切ったまま放置すると変色してしまいます。それを防ぐため、切ったものから水にさらしましょう。

じゃがいものソースきんぴら

じゃがいものシャキシャキ食感を楽しむ炒めもの。中濃ソースで味つけするからスパイシーで、お好み焼きを思い起こす味。

［材料・2人分］
じゃがいも … 2個（300g）
サラダ油 … 大さじ½
A 中濃ソース … 大さじ2
　しょうゆ、みりん … 各小さじ2
　こしょう … 少々
削り節 … ½袋（2g）
青のり … 適量

1 じゃがいもを切り、水にさらす

じゃがいもはスライサー（なければ包丁）でせん切りにして水にさらす。2〜3回水を替え、水けをよくきる。

2 じゃがいもを炒めて味つけ

フライパンにサラダ油を中火で熱し、**1**を入れて2〜3分炒める。透き通ってきたら、**A**を加えて香ばしい香りがするまで炒め、削り節を加えてさっと混ぜる。器に盛り、青のりをふる。

おいしさの秘訣

・じゃがいもの食感を損なわないことが大切。
粘りけが出ないように、水にさらしてから水けをよくきり、手早く炒めましょう。

ズッキーニ

きゅうりではなく、かぼちゃの仲間。クセがなくて甘みがあり、煮もの、焼きもの、揚げものに向きます。低カロリーなのもうれしいところ。

ズッキーニと鶏肉のカレーマヨ炒め

マヨネーズのコクとカレー粉のスパイシーさが食欲をそそります。焼き目がつくように炒めて香ばしさもごちそうに。

［材料・2人分］

ズッキーニ（1cm幅の輪切り）… 1本（200g）	サラダ油 … 大さじ½
鶏もも肉 … 1枚（250g）	カレー粉 … 小さじ1
塩、こしょう … 各少々	**A** マヨネーズ … 大さじ1と½
片栗粉 … 小さじ2	**A** しょうゆ … 小さじ1

1　鶏肉に下味をつける
鶏肉は余分な脂や筋を切り取り、ひと口大に切り、塩とこしょうをもみこんで片栗粉をまぶす。**A**は混ぜ合わせる。

2　鶏肉から焼き始める
フライパンにサラダ油を中火で熱し、鶏肉を皮目を下にして焼き色がつくまで3分ほど焼く。上下を返して端に寄せ、ズッキーニを加え、返しながら3分ほど焼いてさっと炒め合わせる。

3　カレー粉などで味つけ
余分な脂をふき取って、カレー粉をからめ、**A**も加えて混ぜる。

おいしさの秘訣

・火が通りにくい鶏肉を先に焼き、時間差でズッキーニを加えて炒め、どちらもちょうどよい加減に仕上げましょう。

玉ねぎ

加熱によって引き出される甘みが持ち味で、切り方で食感の違いも楽しめます。
切ると涙が出てくるのは、硫化アリルという刺激成分が含まれているため。

玉ねぎのチーズステーキ

甘みを引き出すように、じっくり焼くことが大切。
こんがり焼けたらチーズをのせ、コクと食べごたえをプラスして。

［材料・2人分］

玉ねぎ（4等分の輪切り）… 1個（200g）

オリーブオイル … 大さじ½

ピザ用チーズ … 30g

A｜しょうゆ … 大さじ1

　｜砂糖、酒 … 各大さじ½

粗びき黒こしょう … 適量

1　玉ねぎにつまようじを刺す

玉ねぎの輪切りの真ん中あたりまで、つまようじを1本ずつ刺す（a）。**A**は混ぜ合わせる。

2　蒸し焼きにして味つけ

フライパンにオリーブオイルを弱めの中火で熱し、玉ねぎを入れてふたをし、焼き色がつくまで両面を4～5分ずつ蒸し焼きにする。ふたをはずして**A**を加えてからめる。

3　チーズをのせて蒸し焼きに

たれが少なくなったらチーズをのせ、再びふたをして弱火で1分ほど蒸し焼きにする。つまようじをはずして器に盛り、たれをかけて粗びき黒こしょうをふる。

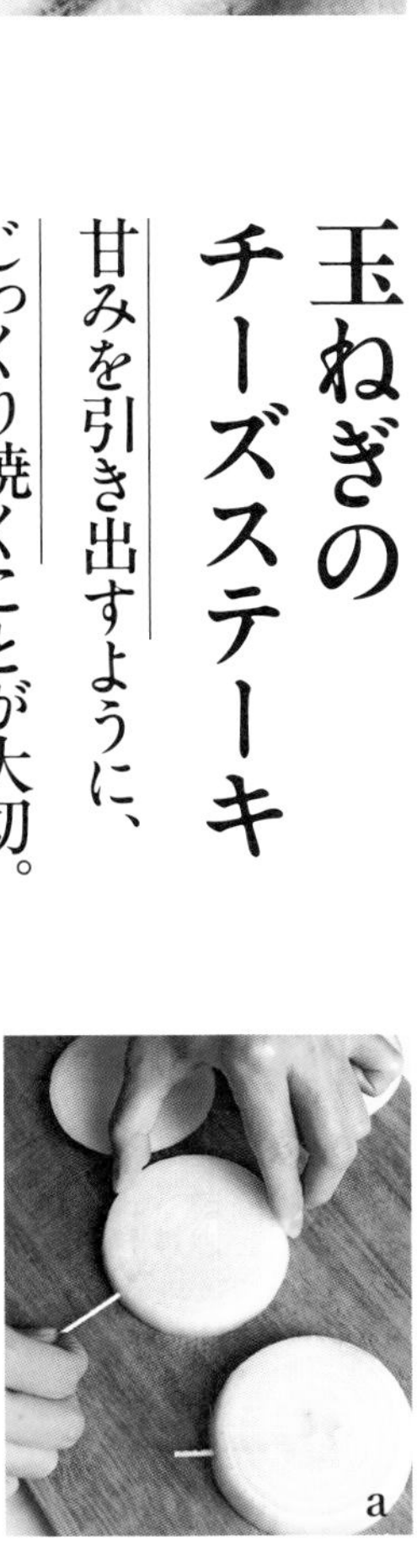

a

おいしさの秘訣

・玉ねぎの輪切りがバラバラにならないように、焼く前につまようじを刺します。中心あたりまでしっかり刺しましょう。

大根

葉のつけ根から真ん中にかけては甘みが強く、先端は辛みが少し強め。炒めものや浅漬けにすれば、短時間で調理できます。

大根の浅漬け風

用意しておくと、ごはんのおともに格好の即席漬け。ゆずこしょうの香りと辛みを生かし、さらに、酢や白ごまでうまみをプラス。

［材料・2人分］

大根（2〜3㎜幅の半月切り）
…1/4本（正味180g）

塩…小さじ1/4

A
- 白いりごま、砂糖…各小さじ1
- ゆずこしょう…小さじ1/2〜1
- 酢…小さじ1/2

1　大根を塩もみする

大根はボウルに入れ、塩をふってもみ、5分おいて水けをよくしぼる。

2　大根と調味料を混ぜる

1に**A**を加え、よく混ぜる。

おいしさの秘訣

・塩もみで水分を抜き、食感よく仕上げます。

・太い大根の場合はいちょう切りにして食べやすくしても。

大根と豚こまの香ばし甘みそ炒め

しっかり炒めた大根に、豚肉や甘みその
うまみを吸わせておいしく！　ごま油で炒めるのもポイント。

［材料・2人分］
大根（5㎜幅のいちょう切り）
…⅓本（正味250g）
大根の葉（小口切り）…あれば適量
豚こま切れ肉…150g
ごま油…大さじ1
A
みそ、酒、みりん…各大さじ1
砂糖…小さじ1
しょうゆ…小さじ½

1　大根を焼きつけるように炒める

Aは混ぜ合わせる。フライパンにごま油の半量を中火で熱し、大根を焼きつけるようにして、時々混ぜながら5分ほど炒める。

2　肉を炒め合わせて調味する

全体に焼き色がついたら、残りのごま油と豚肉を加えて炒め合わせ、肉の色がすべて変わったら、**A**とあれば大根の葉を加えて混ぜ合わせる。

おいしさの秘訣

・大根は焼きつけるように火を通すのが、香ばしくするコツ。
それには、あまり動かさないように焼くこと！

トマト

鮮やかな色が料理を華やかにし、甘酸っぱさは味のアクセントに。
生のままでおいしい食べ方、加熱でうまみを増す食べ方、どちらもご紹介。

トマトと卵の中華炒め

中華料理では定番のトマト×卵料理。
トマトはしっかり焼き、卵はふんわり炒め、オイスターソースでコクうまに味つけを。

［材料・2人分］
トマト（8等分のくし形切り）… 1個（200g）
卵（溶きほぐす）… 2個
塩、こしょう … 各少々
A | オイスターソース、酒 … 各小さじ1
　 | しょうゆ … 小さじ½
ごま油 … 大さじ1

1 卵に下味をつけ、合わせ調味料を作る
卵は塩とこしょうを加えて混ぜる。**A**は混ぜ合わせる。

2 卵を半熟状に炒める
フライパンにごま油の半量を強めの中火で熱し、**1**の卵液を入れる。まわりが固まってきたら大きく混ぜ、半熟状になったら一度取り出す。

3 トマトを焼いて卵を戻す
同じフライパンに残りのごま油を強めの中火で熱し、トマトを入れ、両面を焼きつける（a）。表面がくずれてきたら、**A**を加えてからめ、卵を戻してさっと炒め合わせる。

a

おいしさの秘訣

・トマトは焼いてうまみを凝縮。
表面が軽くくずれる程度に焼きつけてから味つけします。

トマトと豚しゃぶのわさびポン酢あえ

青じそ、みょうが、しょうがの
さわやかな香りを加えたおかずサラダ。
薬味はトマトと豚肉を
おいしくする名脇役。

［材料・2人分］

トマト（ひと口大の乱切り）… 1個（200g）
豚ロース肉しゃぶしゃぶ用 … 150g
青じそ（せん切り）… 5枚
みょうが（せん切り）… 1個
しょうが（せん切り）… ½かけ

A
ポン酢しょうゆ … 大さじ2
オリーブオイル … 大さじ1
練りわさび … 小さじ1
塩 … 少々

1 豚肉をさっとゆでて冷ます

鍋に湯を沸かして弱火にし、豚肉を1枚ずつ泳がせるようにして入れる。火が通ったら、ざるにあげて冷ます。青じそ、みょうが、しょうがは一緒に水にさらして水けをよくきる。

2 ドレッシングを作ってあえる

ボウルに**A**を入れて混ぜ合わせ、トマトを加えてさっと混ぜる。**1**の豚肉を食べやすくちぎって加えてあえ、器に盛り、**1**の薬味をのせる。

おいしさの秘訣

・しゃぶしゃぶ用の豚肉はゆですぎるとかたくなり、うまみも逃げるので注意。湯がグラグラ沸いていると一気にかたくなるので弱火で。

なす

淡泊ながら、合わせる食材のうまみを吸っておいしくなり、油と相性◎。お肉と合わせて炒めものやあえものにし、満足味に！

なすと牛肉のしょうがオイスター炒め

牛肉とオイスターソースの濃厚なうまみを吸って、なすが味わいアップ。多めの油でしっかり炒めることが大切です。

［材料・2人分］

なす…3本
牛切り落とし肉…150g
しょうが(せん切り)…1かけ
片栗粉…小さじ1
サラダ油…大さじ2と½
A 酒、オイスターソース…各大さじ1
　しょうゆ…小さじ1

1 なすを切り、牛肉に片栗粉をまぶす

なすはヘタを切り落とし、縦4等分に切ってから1切れを斜め半分に切る。牛肉は片栗粉をまぶす。**A**は混ぜ合わせる。

2 なすを炒めて蒸し焼きにする

フライパンにサラダ油大さじ2を中火で熱し、なすを炒める。油がまわったら、ふたをして、時々混ぜながら3～4分蒸し焼きにし(a)、火が通ったら一度取り出す。

3 牛肉を炒め、なすを戻して調味

同じフライパンにサラダ油大さじ½を中火で熱し、牛肉としょうがを炒める。肉の色が変わったら、**2**を戻し入れてさっと炒め合わせ、**A**を加えてからめる。

おいしさの秘訣

・なすは多めの油で炒め、トロリと仕上げたほうがおいしさアップ。さらに、蒸し焼きにするとやわらかく、食べやすくなります。

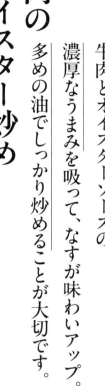

蒸しなすとささみのオイルあえ

なすは電子レンジとも相性がよく、ゆでたときより色落ちしにくく、彩りのよい料理が作れます。仕上げに粉山椒をふっても美味。

［材料・2人分］

なす … 2本
鶏ささみ（筋を取る）… 2本
小ねぎ（斜め薄切り）… 1〜2本
塩 … 少々
酒 … 大さじ½

A オリーブオイル … 小さじ2
しょうゆ … 小さじ1と½〜2

1　鶏ささみを電子レンジで加熱

鶏ささみは耐熱皿にのせて塩をふり、酒を回しかける。ラップをふんわりとかけて電子レンジ（600W）で2分加熱し、粗熱がとれたら食べやすくほぐす。

2　なすを電子レンジで加熱

なすは1本ずつラップで包み、電子レンジで3分加熱して冷水にとる（a）。なすが冷めたらラップをはずし、長さを半分に切って縦に食べやすく裂く。

3　なすとささみをあえる

ボウルに**A**を合わせ、**1**と**2**、小ねぎを加えてあえる。

a

おいしさの秘訣

・なすを電子レンジで加熱したら、ラップは取らずに冷水の中に。水っぽくならないよう、ラップはなすが冷めてからはずします。

長いも

すりおろして食べる、とろろがおなじみ。サラダ、あえもの、炒めもの、煮ものなどにすれば、それぞれ食感が変わって味わい豊か。

［材料・2人分］

長いも（4〜5cm長さの細切り）… 150g

白菜キムチ（カットされたもの）… 100g

A ごま油 … 小さじ2

　しょうゆ … 小さじ½〜1

焼きのり（細かくちぎる）… 適量

長いものキムチあえ

シャキシャキした歯ざわりを生かして生のままあえものに。長いもの淡泊さとキムチのピリ辛がぴったり。

1　材料をあえる

ボウルに長いも、キムチ、Aを入れてあえる。

2　のりをトッピング

器に盛り、焼きのりをのせる。

おいしさの秘訣

・トッピングは韓国のり、青のり、白いりごま、小ねぎの小口切りなどでも。

にら

強い香りと、噛むとにじみ出す甘みが特徴。ビタミン類が多く含まれるうえ、香りのもとのアリシンという成分はスタミナアップに有効です。

にらだれたっぷり焼き肉

豚バラの焼き肉に、にらだれをかけてスタミナメニューに！
たっぷりのもやしを添えればボリュームも十分。

［材料・2人分］

にらだれ（作りやすい分量）
- にら（5㎜幅に切る）… ½束（50g）
- しょうゆ … 大さじ2
- 酢 … 大さじ1
- 白いりごま … 大さじ½
- おろししょうが、ごま油、砂糖 … 各小さじ1

豚バラ肉焼き肉用 … 200g
もやし … 1袋
塩、こしょう … 各少々

1　にらだれを作る
にらだれの材料をボウルに入れて混ぜ合わせる（a）。

2　豚肉を焼く
フライパンに豚肉を並べ、強めの中火で両面に焼き色がつくまで焼き、取り出す。

3　もやしを炒める
豚肉から出た脂でもやしをしんなりするまで1分ほど炒め（脂が足りなければサラダ油を少量足す）、塩とこしょうをふり、器に敷く。上に**2**をのせて**1**を好みの量かける。

おいしさの秘訣

・にらだれは冷蔵庫で1週間ほど保存可。多めに作って
冷奴、蒸した肉や魚のソース、鍋もののたれなどに使うのもおすすめ。

白菜

冬野菜の代表で、鍋もの、漬けもの、炒めものなどに使えてオールマイティ。葉が密集して軸に張りがあり、みずみずしいものがおすすめ。

白菜カレー

白菜の甘みに合いびき肉を合わせたシンプルなカレー。白菜から水分が出るので加える水の量を少なめにして、うまみのあるカレーに！

［材料・2人分］
白菜（軸と葉に分け、3㎝角に切る）
… 300g
合いびき肉 … 100g
サラダ油 … 大さじ½
にんにく（みじん切り）… 1かけ
しょうが（みじん切り）… 1かけ
水 … 300mℓ
カレールウ … 2かけ（約50g）
温かいごはん … 約300g

1 香味野菜とひき肉を炒める
フライパンにサラダ油、にんにく、しょうがを入れて中火で熱し、香りが立ったら合いびき肉を加えて3分ほど炒める。

2 白菜を加えて煮る
1に白菜の軸を入れて2分ほど炒め合わせ(a)、白菜の葉と分量の水を加える。煮立ったらふたをして弱火で10分煮る。

3 カレールウを加える
ふたを取り、一度火を止めてカレールウを溶かし、中火にかけてとろみがつくまで2分ほど煮る。器にごはんを盛ってカレーをかける。

a

おいしさの秘訣

- 白菜はかたい軸を先に炒め、よく油がまわってやわらかくなってきたら葉を加えれば、どちらもちょうどよい歯ごたえに。
- ルウは商品によって塩分や分量が異なるので最後に味をみて調整しましょう。

白菜の塩昆布漬け

漬けものなのに手間がかからず、調理時間は10分ちょっと。すぐに食べたいときにも、作り置きにもグッド。

［材料・2人分］

白菜（5cm長さ、1cm幅の棒状に切る）
…250g

塩…小さじ½

A
- 塩昆布…大さじ1〜1と½
- ごま油…小さじ2
- 白いりごま…小さじ1
- おろしにんにく…小さじ¼

1　白菜を塩もみする

ボウルに白菜を入れて塩をふってもみ、10分おいて水けをしぼる。

2　塩昆布などであえる

1に**A**を加えてあえる。

おいしさの秘訣

・白菜の水けはしっかりと、ほぼ出なくなるまでしぼってください。

ピーマン

カロテン、ビタミンC、食物繊維などを多く含む代表的な緑黄色野菜。種には血液をサラサラにする成分が含まれるから、種ごと食べるのがおすすめ。

ピーマンとツナの煮もの

ピーマンをまるごと煮て、ジューシーな味わいに。ツナを加えれば、青臭さがグンと軽減します。

［材料・2人分］

ピーマン … 4〜5個
ツナ油漬け缶(缶汁をきる) … 1缶(70g)
サラダ油 … 大さじ½
A 水 … 大さじ3
　酒 … 大さじ1
　しょうゆ … 小さじ2
　砂糖 … 小さじ1

1 ピーマンを手でにぎる

ピーマンはヘタを取らずに手で握って割れ目を入れる。

2 炒めたピーマンにツナを加えて煮る

鍋にサラダ油を中火で熱し、**1**を炒める。軽く焼き色がついたらツナと**A**を加え、煮立ったらふたをし、途中で一度上下を返して弱火で8分ほど煮る。

おいしさの秘訣

・ピーマンは包丁で切らず、手でにぎりつぶせばOK。
煮汁がよくしみこみ、ボリューム感も出やすくなります。

ブロッコリー

甘みがあってビタミンＣや食物繊維が豊富なヘルシー野菜。
茎は房の部分より甘みが強いので、表面を切り落として料理に加えましょう。

ブロッコリーとしらすのくたくた煮

しらすのうまみがブロッコリーに合い、ごはんと相性◎。
くたくたに煮れば、1株食べるのはあっという間です。

［材料・2人分］

ブロッコリー … 1株（300g）
しらす干し … 20g
にんにく（みじん切り） … 1かけ
オリーブオイル … 大さじ1と½
A 水 … 100mℓ
　しょうゆ … 小さじ1
塩 … ひとつまみ

1　ブロッコリーを切る

ブロッコリーは小房に分け、大きいものは2～3等分に切る。茎は表面を切り落として食べやすい大きさの棒状に切る（a）。

2　にんにくオイルで炒めてから煮る

鍋にオリーブオイルとにんにくを入れて中火で熱し、香りが立ったら**1**を加えて炒める。油がまわったら**A**を加え、煮立ったらふたをしてときどき上下を返しながら弱火で10分ほど煮る。

3　しらす干しを加えて仕上げる

しらす干しを加えてさっと混ぜ、塩で味を調える。

a

おいしさの秘訣

・ブロッコリーの茎の表面はかたくて食べにくいので、包丁で表面を切り落とし、内側だけ使うようにしましょう。

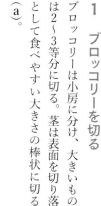

ほうれん草

カロテンやビタミンCなどが豊富な栄養野菜の代表。
根元の赤い部分にもうまみがあるので、切り落とさずに使います。

ほうれん草とハムのバターしょうゆソテー

ほうれん草が食べやすくなるバターしょうゆ味。
短時間で炒めれば、食感が残って色も鮮やかに。

［材料・2人分］
- ほうれん草 … 1束(200g)
- ハム(半分に切って1cm幅に切る) … 3枚
- バター … 10g
- しょうゆ … 小さじ1
- こしょう … 少々

1 ほうれん草を切る

ほうれん草は根元に十字の切り込みを深めに入れ(a)、よく洗って4cm長さに切る。

2 バターで炒めて味つけ

フライパンにバターを強めの中火で溶かし、ハムをさっと炒める。**1**を加えて炒め合わせ、ほうれん草がしんなりしたら、しょうゆとこしょうで味を調える。

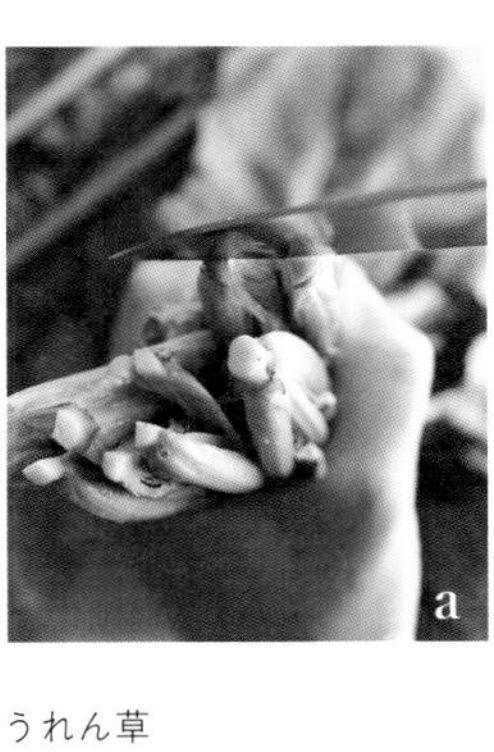

a

おいしさの秘訣

・ほうれん草は根元に切り込みを深く入れて洗うと、落としにくい根元の汚れが取れやすくなります。

れんこん

ビタミンCが豊富でクセがない秋～冬が旬の根菜。
薄切りにするとシャキシャキし、棒状に切るとホクホク。
切り方で食感の違いを楽しめます。

れんこんとベーコンの粒マスタード炒め

しょうゆ味のれんこん炒めにベーコンや粒マスタードを加えた洋風きんぴら。
甘辛味と粒マスタードがよく合います。

［材料・２人分］
れんこん
（2～3㎜幅の半月切り）… 150g
ベーコン（1㎝幅に切る）… ２枚
オリーブオイル … 大さじ½

A
酒 … 大さじ1
粒マスタード … 大さじ½
しょうゆ … 小さじ1
砂糖 … 小さじ½

1 れんこんを水にさらす
切ったれんこんは水にさっとさらして水けをよくきる。**A**は混ぜ合わせる。

2 ベーコン、れんこんの順に炒める
フライパンにオリーブオイルを中火で熱し、ベーコンを炒める。軽く焼き色がついたられんこんを加えて3分ほど炒め合わせ、れんこんに火が通ったら**A**を加えてからめる。

おいしさの秘訣

・れんこんは薄く切ると、シャキシャキした食感を楽しめます。

れんこんの肉巻き

豚肉を巻いて焼き、
ホクホクのれんこんにうまみをからめます。
七味唐辛子の辛さが
甘めの味つけを引きしめます。

［材料・2人分］

れんこん（縦8等分の棒状に切る）… 150g

豚ロース肉しゃぶしゃぶ用 … 8枚

サラダ油 … 大さじ½

A ｜酒、みりん、しょうゆ … 各大さじ1
　｜砂糖 … 小さじ1

七味唐辛子 … 適量

1　れんこんに豚肉を巻きつける

Aは混ぜ合わせる。れんこんは水にさっとさらして水けをよくきり、豚肉を1枚ずつ巻きつける（a）。

2　蒸し焼きにする

フライパンにサラダ油を中火で熱し、**1**の肉で巻いたれんこんを巻き終わりを下にして入れ、全体に焼き色がつくまで焼く。ふたをして弱火にし、4分ほど蒸し焼きにする。

3　たれを加えて煮からめる

余分な脂をふき取って**A**を加え、強めの中火にし、たれが少なくなって全体に照りが出るまで煮からめる。器に盛り、七味唐辛子をふる。

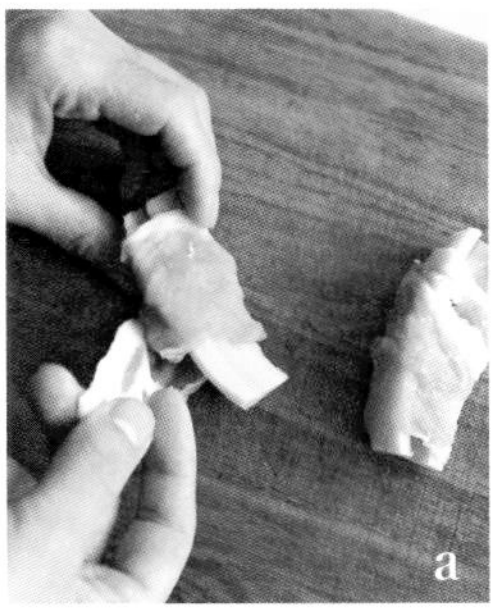

a

おいしさの秘訣

・肉巻きの場合は、れんこんを棒状に切ることで
ホクホクした食感に！

きのこ

エリンギ、まいたけ、しいたけ、しめじなど、1年じゅう手に入って値段も手ごろなきのこ類。さっと火を通しておいしく味わいます。

エリンギのオイスターバター

歯ごたえのいいエリンギを電子レンジでスピード調理。オイスターソースとバターをよくからめ、コクのある副菜に。

［材料・2人分］

エリンギ … 1パック（100g）

A オイスターソース … 大さじ½
　酒、水 … 各小さじ1

バター … 5g

粗びき黒こしょう … 適量

1　エリンギは裂く

エリンギは長さを半分に切り、縦4～6等分に裂く。

2　電子レンジで加熱する

耐熱ボウルに**A**を合わせ、**1**を加えて混ぜ合わせる。バターをのせ、ラップをふんわりとかけ、電子レンジ（600W）で3分加熱する。

3　加熱後に混ぜ合わせる

2をよく混ぜて器に盛り、粗びき黒こしょうをふる。

おいしさの秘訣

・エリンギは包丁で切るより、手で裂いたほうが◎。
表面に凹凸ができて調味料がからみやすくなります。

まいたけと鶏むね肉の梅おろしポン酢

香ばしく焼いたまいたけと、さっぱり味の梅おろしがぴったり。
梅おろしは豚しゃぶや冷奴にもよく合います。

［材料・2人分］
- 鶏むね肉（皮なし）… 大1枚（300g）
- まいたけ（食べやすくほぐす）… 1パック（100g）
- 梅肉（塩分8%の梅干し）… 10g（1個分）
- 大根おろし … ¼本分（正味約100g）
- 塩 … 少々
- 小麦粉 … 適量
- サラダ油 … 小さじ1と大さじ1
- ポン酢しょうゆ、小ねぎ（小口切り）… 各適量

1　鶏肉に下味をつけ小麦粉をまぶす

鶏肉は大きめひと口大のそぎ切り（6〜8等分が目安）にする。塩をふり、小麦粉を薄くまぶす。

2　まいたけを焼く

フライパンにサラダ油小さじ1を中火で熱し、まいたけを焼き色がつくまで返しながら2〜3分焼き、一度取り出す。

3　鶏肉を焼いて仕上げる

同じフライパンにサラダ油大さじ1を中火で熱し、**1**を入れ、焼き色がつくまで両面を約2分ずつ焼く。**2**を戻し入れ、さっと混ぜる。器に盛り、梅肉を混ぜた大根おろしを上にのせ、ポン酢しょうゆをかけて小ねぎを散らす。

おいしさの秘訣

・まいたけは焼き色がつくまでじっくり焼いたほうが、うまみがより凝縮します。

吉田 愛
Yoshida Ai

料理家、唎酒師。料理家のアシスタントを務めたのち、東京と京都の日本料理店で板前として働き、研鑽を積む。独立後は料理家として雑誌や書籍を中心に活動。和食をベースとした、簡単でおいしい家庭料理のレシピが好評を博し、活躍の場を広げる。唎酒師の資格を持ち、日本酒への造詣も深い。著書に『〝だし〟を使わなくてもおいしい煮もの』、『お弁当にもおつまみにもなる作りおき』（ともに主婦と生活社）などがある。

STAFF
デザイン――植田光子
撮影――佐々木美果
スタイリング――大畑純子
調理アシスタント――沓澤佐紀
編集――三浦良江
校正――草樹社
撮影協力――UTUWA

白ごはんに合うシンプルおかず

2024年3月9日　第1刷発行

著者　吉田愛
発行人　松井謙介
編集人　廣瀬有二
発行所　株式会社　ワン・パブリッシング
〒105−0003　東京都港区西新橋2−23−1
印刷所　大日本印刷株式会社
DTP　株式会社グレン
企画編集　柏倉友弥

●この本に関する各種お問い合わせ先
本の内容については、下記サイトのお問い合わせフォームよりお願いします。
https://one-publishing.co.jp/contact/
不良品（落丁、乱丁）については業務センター　Tel 0570−092555
〒354−0045 埼玉県入間郡三芳町上富279−1
在庫・注文については書店専用受注センター　Tel 0570−000346

ワン・パブリッシングの書籍・雑誌についての新刊情報・詳細情報は、左記をご覧ください。
https://one-publishing.co.jp/